KB193434

열방감성

서종현 지음

징검다리

사랑하는 나의 딸,

열방을 향한 하나님의 편지 '서신서'에게 이 책을 드립니다.

저자의 말

기독교인에게는 '열방감성'이라는 것이 존재해야 한다. 이것은 타국으로의 행보가 있는 선교사에게만 있는 감성이 아니다. '모든 민족을 제자 삼으라(마 28:19)'는 지상명령은 모든 그리스도인들로 하여금 '열방감성'을 지니라고 촉구한다. 복음을 믿는 자에게 '열방'이란 꼭 타국을 의미하는 것이 아니라 예수를 믿지 않는 심령을 이른다. 따라서 '열방감성'이란, 복음을 모르는 타인에게 복음을 전하고자 도발되는 선교사적 감수성이라고 하겠다.

오랜 기간 동안 청소년 청년 설교자로 지내면서 다음세대를 만나왔다. 온라인 세계와 SNS의 확장 등을 배후로 청년들은 자신의 무대를 '세계'로 넓히고자 한다. 기독교 청년들 역시 '세계 속의 나'가 되려는 열망을 품지만, 세계 속의 그리스도인으로서 복음을 들고 살겠다는 '열방감성'의 마음가짐은 흐릿한 듯하다.

이 책은 나의 다음 세대들에게 혹은 기독교 후배들에게 '열방감성'을 고취하고자 기록되었다. 해외 설교, 선교, 여행, 성지 순례 등 다양한 방식의 외국 유랑 중에 내가 얻은 은혜를 적고 '열방묵상'이라 명했다. 그리고 그에 따라 열방을 향한 진일보 기도문을 적어 '열방기도'라고 하였다. 이 책에서는 한 국가에서의 '열방묵상'과 '열방기도'를 한 편으로 하여 총 21개국의 이야기를 다루었다.

한국 기독교인들에게 익숙한 다니엘 기도회의 형식을 차용하여 21일간의 기도 플랜으로 구성하였다. 독자들이 이 책을 통해 21일간의 세계일주를 함께 경험하며 열방을 향한 선교사적 도전을 배우기를 바란다. 이 책이 외국으로의 행보를 추천하는 책은 아니다. 다시 강조하거니와 우리에게 열방은 지구 반대편 아프리카 땅일 수도 있고 복음을 모르는 옆집 이웃일 수도 있다. 따라서 나는 이 책으로 하여 외국행이 아니라 복음을 모르는 타인에게로의 행보를 추천하는 것이다.

특별히 청년 독자들에게 고한다. 외국을 살든 고국을 살든 간에 당신이 나아가게 될 '삶'의 터전은 지상명령이 실현되는 '열방'이 되어야 한다. '모든 민족을 제자 삼으라'는 지상명령이 피상적인 문구가 아니라 삶의 행동 강령이자 방향이 되기를 축언한다. 이 책이 복음을 모르는 심령 즉 '열방'으로의 일보를 내 딛는데 도움이 되기를 바라며 저자의 말을 줄인다.

한국교회 MZ세대를 위한 21일간의 다니엘 기도 지침서 '열방감성'
저자 서종현 선교사 드림.

열방

‘열방’이란 꼭 타국을 의미하는 것이 아니라 예수를 믿지 않는 심령을 이른다.
따라서 우리에게 ‘열방’은 지구 반대편 아프리카 땅일 수도 있고 옆집 이웃일 수도 있다.

열방감성

예수님을 모르는 심령에게 복음을 전하고자 도발되는 선교사적 감수성

목차

첫째 주

보내시는 나

복음의 옷을 입게 하소서

in 이탈리아

갈라디아서 3장 27절
누구든지 그리스도와 합하기 위하여 세례를 받은 자는 그리스도로 옷 입었느
니라

종교개혁의 자취를 따라 독일과 스위스 사이를 횡단한 일이 있었다. 나는 존 칼빈의 도시 스위스 제네바에 머물다가 300km 정도의 거리에 위치한 이탈리아 밀라노에 가보기로 했다. 밀라노도 실은 기독교 역사 안에서 개혁이 있었던 도시이기 때문이다. 프랑스를 거쳐 이탈리아에 이르는 동안 알프스 산맥의 최고봉이라는 몽블랑을 지났다.

알프스를 건너는 동안 산골 어딘가에서 주유를 했었다. 주유는 이미 끝났는데도 노즐을 차에 꽂은 채로 멍하니 서 있던 것은 눈앞의 풍경이 사실적이지 않아서였다. 말 그대로 알프스의 풍경은 알프스였고 알프스의 몽블랑에서 이름을 가져온 그 명품 브랜드가 어떤 가치를 의미하는지 잘 알 것 같았다.

알프스는 아름다운 옷을 입고 있었다. 유난히 그날만 날씨가 좋았는지는 모르겠다. 하여간 내가 그 길을 지나오는 동안은 시야가 너무 좋아서 멀리 설산까지 한눈에 들어왔다. 이 풍경은 한 프레임 안에 노랑이 수놓인 봄과 순백의 만년설이 함께 있었다. 창문을 열면 소음이랄 것이 없으니 수풀이 우거진 길에서 타이어가 아스팔트를 밟는 소리도 매력적으로 들려왔다. 이따금씩 멀리서 새소리가 들려 고개를 돌려 보면 내 갈 길을 따라 이름 모를 새가 길동무 되어 노닐고 있었다.

실로 아름다운 옷을 입은 알프스를 지나 나는 세상 모든 패션의 고향이라는 밀라노에 도착했다. 명품을 잘 모르지만 두오모 광장의 한켠에 입구가 놓인 '명품거리'에는 아는 브랜드부터 모르는 브랜드까지 각자 자신의 독특한 디자인과 멋을 내어 쇼윈도를 꾸미고 있었다. 각양각색의 상점들은 디자인이며 향기까지 비슷하다고 할 만한 구석이 없었다.

어떤 상점의 옷들은 내 눈에는 우스울 뿐이었는데 행인 중 누군가는 그

옷을 보며 우수에 젖어 눈을 떼지 못하기도 했다. 많은 사람만큼이나 많은 특색의 브랜드들이 고향 삼은 밀라노는 듣던 그대로 세상 옷의 중심지였다.

한국인들이 '명품거리'라고 부르는 '빅토리아 에마누엘라 2세 갤러리아'의 두오모 광장 출입구를 등지고 왼쪽으로는 세기적 건축예술의 옷을 입은 건물이 있었으니 바로 '밀라노 대성당'이었다. 나도 외국 꽤나 다닌다는 사람으로서 많은 성당을 보았지만 밀라노 대성당은 정말 독보적으로 아름다웠다.

순백의 고딕양식으로 만들어진 이 성당은 한껏 꾸민 흰색 드레스를 입은 듯한 화려함과 하늘로만 향하는 뿔들의 강직함이 조화를 이루는 건축물이었다. 나는 이 성당을 정면에 두고 아주 눌러 앉아서 멍하니 바라보았다. 알프스를 지나오면서 느낀 그 환희가 가슴에 이어지고 있었다.

밀라노 대성당을 찾은 것은 처음이었지만 많은 책들에서 그 이름을 접했고, 나는 그 책들 속에서 벌어졌던 밀라노 대성당 배경의 이야기들을 머릿속에 그려보고 있었다.

밀라노 대성당은 '성 어거스틴'이 회심하여 세례를 받은 교회다. 기독교 역사 안에서 그의 활약은 존재 자체가 매 순간 개혁이 아닐 수 없었다. 유명한 '고백록'을 비롯한 그의 기독교 철학에 대한 고뇌는 우리 기독교 사상의 근간을 이루고 있다. 잘 알려진 그의 명언 '죄인을 사랑하고 죄는 미워하라.' 이는 자신이 받은 구원이 '죄인을 사랑하심'이라는 진리 때문임을 말하고 있는 것이다.

그는 세상에 속한 사람이었다고 전해진다. 방탕과 혼돈 속에서 살다가 주님께로 돌아온 이다. 그렇다 보니 10대에는 칼에 찔리는 싸움을 하고 20대에는 정신병원을 전전하다가, 주께 돌아와 선교사가 된 나를 두고 과분하게도 어거스틴을 연상하는 분들이 많다. 기독교방송 등에 인터뷰를 참여할 때면 기자들은 나를 어거스틴과 같은 돌아온 탕자로 소개하면서 내 어머니의 기도가 모니카(어거스틴의 모)의 기도와 같은 결이라며 특필하기도 했었다.

2010년 12월, 대전의 한 작은 교회에서 나는 문화선교사로 파송 받았다. 유아부로도 쓰기 때문에 벽에는 구름이 그려진 작은 예배당에서 무릎 꿇어 파송에 임했다. 당시 파송 목사 중의 한 사람이자 파송 설교를 해주신 전 고신대학원장이신 현유광 목사님께서는 '죄는 미워하고 죄인은 사랑하라'는 말씀을 전해주셨다. 세상으로부터 해방되어 선교사가 되기로 무릎 꿇은 내게 참 가슴 미어지는 말씀이었다. 나는 죄인들을 사랑하시는 것에 대한 증거가 되고 싶었다. 그렇게 선교사라는 옷을 입게 되었다.

밀라노 대성당을 바라보며 탕자로 돌아와 세례 앞에 무릎 꿇은 어거스틴의 마음이 파송식에서의 내 마음과 같았을까 생각해 보았다. 그는 이교도 아버지를 두었으나 기독교 신앙을 가진 어머니 모니카에게서 자랐다. 자신의 세례식에서 그는 어머니의 지난 기도를 떠올렸을 것이다. 나 역시도 그랬다.

술에 취에 집에 들어가는 시간은 꼭 새벽 4시경이었다. 내가 대문을 열면 어머니는 새벽기도를 나가는 중이셨다. 어머니의 기도문은 다니엘 12장 3절이었다고 들었다.

> 지혜 있는 자는 궁창의 빛과 같이 빛날 것이요 많은 사람을 옳은 데로 돌아오게 한 자는 별과 같이 영원토록 빛나리라
> _ 다니엘 12장 3절

나는 어머니의 이 기도대로 많은 사람들을 주께 돌아오게 하는 사람이 되어 세계를 누비며 빛을 품고 열방을 살고 있다. 몸에는 여전히 칼에 찔린 자국들이 선명하고 여전히 내 눈빛은 전투적이지만, 내가 쏘아 볼 적은 인간이 아닌 사단임을 분명하게 알고 있다.

세례를 받는 어거스틴도 그랬으리라. 빛과 어둠의 사이를 저울질 하며 살아 왔지만 자신이 속해야 할 곳은 빛이며 향해야 할 곳은 어둠이라는 사실을 깨달은 어거스틴의 풍성한 마음을 이해할 수 있다. 그는 그렇게 그리스도의 옷을 입게 되어 죄인과 세상을 향하시는 주님의 마음을 자신의 족적으로 남기었다.

밀라노 대성당은 어거스틴이 세속의 옷을 벗고 주님의 옷을 입은 곳이다. 밀라노 대성당을 뒤로하고 거리를 걷자 다시 수많은 명품 상점들이 눈에 들어 왔다. 이렇듯 밀라노는 내게 '세속의 옷'과 '주님의 옷'이 공존하는 도시라는 이미지로 남아 있다.

세상이 입혀주는 화려한 옷은 우리의 삶을 윤택하게 하지만 그 어떤 보화로 꾸며진 옷일지라도 유한한 것이다. 그러나 영원하신 주님의 옷은 영원할뿐만 아니라 다른 사람의 영혼에도 빛을 비춘다. 우리가 이다음에 천국에 들어 갈 때에 화려한 세상의 옷이 아니라 복음으로 주님의 옷을 입었기에 들어가는 것이다.

어둠 속에 기거해 본 사람은 어둠이 무엇인지 알기 때문에 회심한 경우 더욱 열심을 내어 어둠을 향하는 경향이 있다. 그들은 빛 가운데 거하게 되었지만 어둠을 향한다. 이는 자신이 어둠 속에서 건짐을 받았으니 어둠 속에서 빛으로서 일하는 것이 주님과의 연합이라는 사실을 아는 것이다.

주의 옷을 입은 자들은 복음을 전하는 공동의 목적으로 주와 연합되었다. 하여 주와 연합된 우리는 주께서 가시는 곳으로 동일하게 향해야 한다. 우리 각자는 우리가 건짐 받은 곳으로 나아가 주와 함께 일해야 할 것이다. 예로 깊은 외로움 속에서 건짐을 받은 자들은 외로움에 치를 떠는 한 영혼을 찾아가 온기를 나누며 그 영혼을 열방 삼을 것이다. 나처럼 혹은 어거스틴처럼 세상의 어둠을 맛보고 돌아온 자들은 어둠을 열방 삼아 빛을 비출 것이다.

할렐루야, 성도여! 그리스도의 옷을 입고 각자의 열방으로 향하자.

주여 빛의 옷을 입고 열방으로 나아가기를 원합니다. 내가 복음의 은총을 입었으므로 그저 빛 가운데 거하는 것이 아니라, 빛을 품고서 어둠 속으로 나아가 주님과 연합된 일을 하기 원합니다. 열방을 향하시는 주여, 나를 주님 바라보시는 그리스도를 모르는 열방 가운데로 보내소서. 그곳이 바다건너 아프리카 땅이든 가까운 옆집 이웃이든, 주께서 바라보시는 곳을 우리도 보기를 원하오니 복음을 모르는 심령들에게 나를 보내소서. 주께서 바라보시는 곳을 우리도 바라보고 주께서 입으신 옷을 우리도 입고서 주께서 품고자 하시는 열방을 우리도 품기를 원하오니 주여 우리로 열방 속에 빛이 되게 하여 주시옵소서. 이 기도는 예수그리스도의 이름으로 기도 합니다. 아멘.

영적 빈민가를 보게 하소서

in 인도네시아

> 이사야 49장 15절
> 여인이 어찌 그 젖 먹는 자식을 잊겠으며 자기 태에서 난 아들을 긍휼히 여기지
> 않겠느냐 그들은 혹시 잊을지라도 나는 너를 잊지 아니할 것이라

내가 자카르타에 간 것은 몇 가지 공연 사역과 강연을 위해서였다. 3박 4일 간의 일정으로 각국의 선교 기관들이 모여 선교 대회를 열었는데 거기서 힙합공연과 힙합을 활용한 선교에 대해 정보를 공유할 시간이 허락되었다. 잘 차려진 밥상이란 이런 것일까? 행사장은 개발도상국이라는 이미지를 찾아볼 수 없는 근사하고 아늑한 곳이었다.

차라리 강남 한복판이라면 믿을까 이곳이 인도네시아라는 사실을 체감하기 어려운 시설들이었다. 공연을 하는데도 내도록 기분이 좋았다. 음향 설비하며 조명과 무대 그리고 객석의 배치 등이 너무나 고급이었기 때문에 난 별 전투력도 꺼내지 않고서도 승리를 거둔 것처럼 멋진 무대를 선보였다.

한류에 편승하여 한국인이라는 득점도 있었다. 인도네시아 청년 사역자들 앞에서 한국에서 이루어지고 있는 문화사역에 대해 이야기할 때는 강의의 주제 보다 한국의 문화 자체에 궁금한 것이 많다는 사실을 느끼면서도 '아무렴 어떤가. 그저 내게 주어진 시간이 화기애애하고 만족스럽게 끝나면 되는 것'이라고 느슨하게 생각해버리기도 했다.

그 곳의 분위기는 커피더러 김빠진 콜라라고 해도 믿을 판이었고, 색마저 다른 사이다라고 거짓부렁을 해도 하하하 웃고 넘길 판이었기 때문에 강사인 나로서는 아무런 경계가 들어서지 않는 분위기였다.

보통 해외에서는 40도 육박의 옥탑에서 에어컨도 없이 녹음을 해야 했고 한국에서는 자는 놈 깨워가며 개그인지 설교인지를 감당해야 했던 다음 세대 설교자로서의 역경에 조금은 지친 탓인지 이런 무대와 환대가 어색하면서도 싫지 않았다.

첫날 일정을 그렇게 마무리 하고 준비해주신 호텔에 돌아와서 내 알몸을 누이기에는 좀 민망한 디자인의 곱디고운 욕조에 몸을 누이고 참으로 기분 좋고 달콤한 인도네시아에 와 있다고 생각했다. 기분 좋은 잠에 들었다가 다음날이 되어 그야말로 트로피칼이라고 말해야 할 햇빛이 방으로 스미어 샤랄라하게 잠을 깼다. 커튼을 걷으니 동남아 특유의 푸르름과 멋지게 뻗어대는 고층빌딩들이 기지개를 켜고 있었다.

"누가 인도네시아 가난하다고 했냐?"

혼잣말을 중얼 거리며 일정이 없는 하루, 나는 반바지에 슬리퍼를 신고 호텔 주변 산책에 나섰다.

어제는 정신없이 일정을 치르느라 호텔 주변에 뭐가 있었는지 관심도 없었는데 둘째 날이 되어 둘러본 자카르타는 악명과는 다르게 보면 볼수록 쾌적하고 좋은 도시였다. 호텔 바로 앞에 공원이 하나 있었는데 깔끔해 보이는 사람들이 아파트 모델하우스 광고처럼 한가로이 자전거도 타고 농구도 하고 그랬다.

하여간 누가 인도네시아를 개발도상국이라고 했는지 몰라도 자카르타에서는 근처에 비슷한 모양의 건물이 있으면 건축허가를 내주지 않는다고 하니 빌딩들 마다 각기 다른 놀랍고 멋진 자태를 뽐내었다. 이는 마치 도시 전체를 건물 전시회장으로 만드는 기획인 듯 했다.

그런데 얼마 지나지 않아 나는 더욱 놀라게 되었다. 커피나 한잔 마실까 하여 호텔과 가장 가까운 번화가라고 소개 받은 '끌라빠가딩'으로 가려고 택시를 탔는데 불과 길 하나를 사이에 두고 이름 모를 빈민가가 보였다. 정말이지 손 뻗으면 닿을 거리, 딱 길 하나를 두고 부촌과 빈민가가 너무 날카로운 경계를 나누고 있었다.

방금 전 내가 있던 호텔 부촌에서는 상상도 할 수 없는 풍경이 펼쳐지고 있었다. 공원은커녕 쓰레기더미에서 아이들은 쓰레기를 뒤지며 놀이인지 생존인지 모를 활동을 하고 있었다. 이렇게 극과 극의 모습이 단 몇 미터 반경 안에 공존한다는 사실이 놀랍지 않을 수 없었다.

　정말이지 동전의 앞뒷면처럼 가깝고도 너무나도 달랐다. 그것도 아니면 타임머신이라도 타고 몇십년 전으로 달음질을 한 것 같았다. 한쪽은 건축으로 예술을 하고 있는데 길 하나를 두고 저쪽에는 판잣집이 있다는 게 믿기지가 않았다.

　'저기 사는 사람들은 대체 어떤 사람들일까?'

　에어컨이 풍요한 택시 안에서 불쾌해 보이는 그 빈민가를 지나쳐 한 편의점 앞에 내렸다. 빈부의 격차가 심한 나라일수록 치안이 좋지 못한 법이다. 때문에 '끌라빠가딩'의 가게들은 모두 경비원을 고용하는데 편의점에 들어갈 때 젊은 경비원 하나가 문을 열어주며 아주 밝은 미소로 반겨 주었다. 현지인과 대화를 좀 해볼 요량으로 가게를 나오면서 콜라 하나를 사서 건네어 주었다. 나도 그랬지만 그도 영어가 유창한 사람은 아니었기에 손발 짓 해가며 "예스", "노", "네임", "홈" 아니면 "하하하"나 "껄껄껄"정도나 주고받았더랬다.

　경비원의 이름이 잘 기억나지는 않지만 아무튼 인도네시아 식으로 말이 꼬부라지다가 말고 딱딱 끊어지는 어려운 발음이었다. 어려워하며 내가 이름을 몇 번이나 다시 물어보니 껄껄껄 웃어 보이는 그는 기분 좋은 친구였다.

　그가 내민 사진 한 장, 핸드폰 사진도 아니고 전쟁영화에서나 보던 꾸깃한 종이 사진이었다. "홈, 홈" 그는 슬하에 어린 딸이 있는 젊은 가장이었다. 목이 늘어진 분홍티를 입고서 해맑게 웃고 있는 딸의 사진을 보여주면서 그는 피곤에 찌들어 충혈된 눈으로도 미소를 감추지 못했다. 연거푸 뱉어대는 하품을 보니 아마도 밤을 지새워 경비를 선 모양이었다.

"훔, 훔"

딸의 사진을 가리키는 경비원의 마르고 검은 검지가 이어 자신의 가슴을 가리키더니 말했다. "해피, 해피" 그의 어눌한 '해피'가 왠지 진짜 원어 발음일 것만 같은 착각에 빠지도록 하는 행복한 표정이었다.

그리곤, 그의 검지가 향한 곳은 아까 지나온 빈민가였다.

"훔, 훔"

길 건너 불구경 하듯 '저기에는 대체 누가 살까?'하며 무심코 지나왔는데 그는 거기가 '홈'이었다. "바이" 악수를 청하니 그의 검고 야윈 손에 비해 내 손은 너무 죄스럽게 고와 보였다. 돌아가는 길, 그 빈민가를 다시 가로지르게 되었는데 이제는 창밖의 저 빈곤이 남의 이야기처럼 느껴지지가 않았다.

단 한사람과의 짧은 관계였지만 이제 그 관계로 인해 빈민가의 일상이 남의 일이 아닌 것이 되었구나. 사진으로 보았던 그 해 맑은 딸을 마치 내 품에 안아본 것만 같아서 저기 저 쓰레기 더미에서 뛰 노는 아이 중 하나는 내 친구의 딸이라는 생각이 들었다.

돌아온 호텔에서 정해 놓은 분량의 성경을 읽는데, 성경 구절 하나가 유독 내게 큰소리로 말을 걸어 왔다.

> 여인이 어찌 그 젖 먹는 자식을 잊겠으며 자기 태에서 난 아들
> 을 긍휼히 여기지 않겠느냐 그들은 혹시 잊을지라도 나는 너를
> 잊지 아니할 것이라 _이사야 49장 15절

내가 멋진 무대와 욕조에서 안락함에 취해 있던 동안에도, 이웃을 잊고 사는 동안에도 주님은 저들을 잊지 않고 있었다고 하시는 구나. 잊지 못하시는 구나, 우리 모두가 잊어도 주님은 음지의 이웃을 긍휼히 보고 계셨구나.

우리가 창밖으로 보이는 불우한 타인을 그저 풍경으로 넘기고 치워버려도 주님의 시선은 그곳에 머물고 계셨던 것이다. 흰옷 입은 양지의 자녀가 주님의 자녀이듯 음지의 자녀도 자신의 태에서 태어난 자녀이기는 마찬가지라서 우리가 음지의 자녀들을 잊어 갈 때에도 주님의 시선은 그곳을 밝히고 계셨구나.

나는 그렇게 말씀을 놓고 기도의 자리에 들었다. 이 말씀에서 잊지 않겠다고 하신 약속이 나를 통해 이 땅 가운데 실현되기를 기도했다. 나의 발을 통해서 고난 중의 자녀에게 가시기를, 나의 눈을 통해 상한 심령을 보시기를 말이다. 잊지 않겠다고 하신 그 약속이 나와 동행 하시기를 간구했다. 음향과 조명이 멋들어진 무대도 좋지만 나의 영혼이 가난한 영적 빈민가를 무대로 알았으면 싶었다.

나는야 빛 되신 내 주님께 받은 복음의 눈으로 세상의 어둠을 바라보며 살고 싶다.

열방기도

주여, 나의 영이 빈곤하고 어두운 날에 찾아오시어 나를 빛 비추신 당신을 찬양합니다. 양지에서 느껴지는 풍요에 취해 세상의 영적 빈곤을 남의 일처럼 생각했던 연약한 마음을 용서하여 주소서. 주께서 내게 하신 것과 같이, 영적 빈곤에 허덕이는 열방을 바라보게 하시기를 원합니다. 주여, 영적 빈민가를 바라보게 하시기를 원합니다. 주님 만난 이 빛의 눈으로 세상의 어둠을 바라보게 하시기를 원합니다. 우리가 만일 상품을 파는 사람이라면 고객을 볼 때에도 그의 영적 빈곤을 바라보는 능력을 허락하시고, 우리가 만일 교사라면 학생들을 볼 때 역시 어두운 영적 빈곤을 바라보게 하소서. 주님 나를 이 열방 가운데 빛으로 불러 주셨사오니 어둠을 바라보고 어둠으로 나아가기를 멈추지 않게 하시고 세상 어떤 자리에 있든지 촛불이 어둠을 밝힘과 같이 열방의 어둠을 몰아내게 하소서. 감사합니다. 나의 영적 빈곤을 몰아내신, 나의 빛 예수그리스도의 이름으로 기도합니다. 아멘.

주께서 나의 목자 되심을 알게 하소서

in 몽골

시편 23편 1절

여호와는 나의 목자시니 내게 부족함이 없으리로다

몽골 선교를 갔을 때의 일이다. 통역 설교를 맡아서 갔었는데 그것이 연이 되어 현재는 성경을 랩으로 암송하는 'BIBLE RAP' 몽골어 편을 제작 중에 있다. 코로나 상황 등으로 제작이 늦어지고 있는데도 뭐든지 큼직큼직 했던 그들은 나를 넓은 마음으로 헤아리며 기다려 주고 있다.

몽골 일정에서 지정된 숙소는 일반 아파트였다. 때문에 주변을 오가는 사람들은 캐리어를 끄는 여행객들이 아니라 장바구니를 든 주민들이었다. 그 점이 호텔 보다 훨씬 좋았다. 몽골인들 앞에서 설교를 해야 하는데 몽골에 대해 전혀 아는 바가 없었으므로 이렇게라도 서민들의 삶을 보고 서민들이 보는 풍경을 보는 것이 여간 다행이라고 생각했다.

아파트 베란다의 창문을 열면 공원에서 불어오는 바람과 그 공원에서 뛰노는 아이들의 웃음소리가 맛이 나는 아파트였다. 공원은 정말 끝이 어디인지 잘 보이지 않을 정도로 넓었고 중앙 광장의 사이즈로 봐서는 아마 국립공원이지 싶었다. 그런데 아무리 검색을 하고 구글 지도를 확대해도 이 공원의 이름은 나오지 않았다.

하루는 시간이 좀 있어서 그 공원을 걸어 볼 요량으로 나가 커피 한 잔을 주문했는데 점원이 영어를 조금 할 줄 알기에 물었다.

"공원 이름이 뭐야?"

"이름? 그냥 공원인데?"

"에? 무슨 국립공원에 이름이 없어?"

"에? 무슨 국립공원? 그냥 공원이야. 이거 그냥 동네 공원이야."

와, 이게 몽골이었다. 반도 사는 내게는 분명 국립공원 사이즈였는데 그냥 집 앞 공원이라니, 몽골에는 이런 공원이 진짜 많다고 말하는 그 점원은 마치 이 정도는 공원도 아니고 그냥 집 앞 공터 느낌이라는 투였다.

공원만 넓은 게 아니었다. 이렇게나 펼쳐진 푸른 초장이 많으니 도시였
는데도 곳곳으로 고개를 올려다보면 높아 보이는 언덕들에 목장이 심심치
않게 보였다. 내가 몽골에 있는 동안에 재미있게 들었던 이야기 중 하나는,
몽골에는 '고깃국'이라는 말이 없다는 것이었다. 애초에 모든 국에 고기가
다 들어가기 때문에 고기라는 단어를 쓸 필요는 없다고 했다. 사람들이 대
체로 건강하고 힘이 좋은 것도 고기를 많이 먹어서일 것이다. 울란바토르는
도시니까 목장이 그나마 드문드문 보이지만 진짜 국립공원 가까이에 가면
지천에 널린 게 목장이라고 전해 들었다.

설교 당일에 예배당으로 가는데 그 말은 사실이었다. 비포장 길이 시작
되자 사방이 목장이었다. 저기 멀리 산 중에 양 떼와 목동 그리고 소 떼와 말
떼들이 정말이지 여기저기 그대로 널려 있었다. 도착한 예배당도 그런 목장
을 개조한 듯한 넓은 초원 위에 있었다. 단 층짜리 예배당 건물이 중앙에 있
고 근처로는 유목민들의 집인 게르가 여럿 세워져 있었다.

모여든 몽골 그리스도인 중 어떤 이들은 양을 키우는 부모를 두었고 어
떤 이들은 자신이 말을 타는 목동이기도 했다. 화장실이라도 가려고 예배당
문을 열면 염소가 풀을 뜯고 있거나 저쪽에서는 길 잃은 양을 휘이 휘이 무
리 속으로 인도되는 목동의 모습도 보였다.

몽골은 그러니까 초원에서 잃은 양 한 마리를 안고 서 있는 예수님의 그
림이 현실인 곳이었다.

집회를 마무리하고 나는 다시 도시로 내려왔다. 숙소가 아파트였기 때
문에 주방도 있고 해서 마트에 들러 샌드위치를 만들어 먹을 생각으로 몇
가지 재료를 준비해 귀가했다. 제법 배가 고팠기 때문에 어서 이것저것 넣
고 뿌리고 해서 샌드위치를 한입 베어 무는데 정말 너무 어색했다. 샌드위

치에 넣은 햄이 양고기였다. 양고기 햄이라니! 평소 양고기를 싫어하는 편이 아니지만, 그래도 샌드위치에 끼인 양고기는 도무지 적응이 되지 않았다.

하루는 숙소 앞에서 꽤 미국스러운 디자인으로 꾸민 햄버거 집을 발견하고 직진했다. 반가운 수제 버거 집이었다. 버거와 감자튀김 그리고 콜라의 조합, 절대로 실패할 이유가 없는 세트를 시키고 기다렸다. 버거가 나왔는데 육즙이 어찌나 맛깔스럽게 흐르던지 기분 좋게 한입을 베어 물었다. 그런데 그것도 패티가 양고기였다. 아니 도대체 이 정도로 양고기가 많다는 말인가, 국을 먹어도 양고기고 만두를 먹어도 양고기고 햄버거며 샌드위치까지 다 양고기를 피할 수가 없는 곳이 바로 유목의 나라 몽골이었다.

다른 어떤 날에는 국립공원에 놀러 갔었다. 집 앞 공원 말고 진짜 국립공원 말이다. 고비 사막으로 잘 알려진 지역 내의 '테를지 국립공원'이었는데 몽골의 대표적인 관광지라고 들었다. 나는 거기서 승마 기술을 배워서 이리저리 말을 타고 풍경을 둘러볼 수 있었다. 가장 많이 그리고 아름답게 보이는 것은 역시 양 떼였다. 처음에는 무리 지어 다니며 목자의 돌봄에 고분고분한 그 모습이 그저 귀여워 보였다. 그런데 그리스도인 누구라도 그랬겠지만, 내 눈에도 점점 저 양들이 성도로 보이고 저 목자가 주님으로 보이기 시작했다.

시야가 좁은 양들은 목자를 따라 언덕을 넘어 다니며 풍요한 풀을 뜯었고 어떤 양이 풀도 없는 자갈 위를 서성이면 목자는 풀이 있는 곳으로 양을 밀어 넣어 주었다. 가끔 철부지 같은 어린 양들이 뛰놀기 시작하면 목자는 가만히 그 모습을 책임감 있게 지켜보았다. 그렇게 양들은 목자의 인도를 따라 배를 채우기도 하고 뛰놀기도 했다. 나는 잠시 말에서 내려 그 무리의 모습을 가만 보고 앉아 있었다.

시야가 좁은 우리가 어디가 어딘지도 모르고 인생길을 거닐지만 주님 내 목자 되시어 우리의 인생길을 주관해주신다는 감동이 밀려오는 풍경이었다.

말을 반납하고 테를지 국립공원을 떠나 다시 도시로 향하는 길에는 어느덧 노을이 지고 있었다. 여전히 곳곳에 보이는 양 떼들은 어디론가 목자의 부름에 따라 이동하고 있었다. 아마도 이제는 잠을 청할 지역으로 이동하는 모양이었다.

할렐루야, 우리도 주의 말씀을 따라 살다 보면 언젠가 그의 부름에 맞추어 영원한 평안에 들 것이 묵상 되는 순간이었다.

한국으로 출국하기 전날, 몽골어 버전의 'BIBLE RAP' 제작을 협력하기로 한 현지인 교회 담임 목사님과 식사 시간을 가졌다. 이 교회 청년 중에는 한국어 통역을 수준급으로 하는 청년들이 몇 있어서 본 일정 간 내 설교를 통역한 청년들이 속한 교회이기도 했다.

현지인 교회라고는 하지만 한국인 선교사가 담임 목사인 이 교회는 몽골에서 유일하게 자립한 교회다. 자립한 교회라는 말은 선교사가 처음 교회를 개척했을 때 여러 후원 조직을 통해 운영되었더라도, 현재는 현지인 성도들의 헌금으로 교회가 운영되며 교역자들의 월급이 지급된다는 말이다.

나도 한국 선교사회의 일원이기 때문에 제 3국의 교회 정착이 얼마나 어려운 결실인지 잘 알고 있었다. 나는 당연히 이 기회를 놓칠 리 없으니 그 정착의 비결이 무엇인지 선교사님께 여쭈어보았다. 성공한 장수의 무용담을 들을 줄 알았는데 그는 내 기대와 다른 이야기를 내 마음에 담아 주셨다.

그는 한국에서 몇 차례의 목회 실패로 성도들과 주님께 마음의 빚을 지고 몽골로 건너왔다. 몽골로 건너온 이유도 다른 게 아니었고, 고기가 지천에 널렸기로 굶지는 않을 것이라는 측근의 말 때문이었다고 한다. 이미 그 당시가 40세를 훌쩍 넘긴 나이였다. 일반적인 수순이라면 협회나 단체들은 40세를 넘긴 목사를 선교사로 파송해주지 않는다. 그 문화와 언어의 장벽을 뛰어넘은 사례가 극기 드물기 때문이다. 그러나 그것도 사람이 만든 제도였을 뿐이었던지, 주님은 끝끝내 그를 사용하여 몽골 유일의 자립교회를 세우셨다.

"몽골 오니까 주님이 목자라는 그게 진짜 잘 느껴지더라고, 그게 다야. 주님이 내 목자라는 거, 몽골 와서 하도 양떼랑 목자들을 봐서 그런지 내가 그걸 아주 깊이 알게 되었지."

그가 알고 있는 승전의 비결은 주님을 진정 목자로 의지한 것이라고 했다. 백전노장의 나지막한 고백이 이 패기 넘치는 30대 선교사의 마음에 깨달음을 주었다. 내 시야로 보는 것도 아니고 내 근력으로 넘어섬도 아니구나. 양은 시야도 부족하고 지형지물을 건너는 능력도 부족 하지만 목자를 따르는 능력만은 충분하여 그 배를 채우고 초원에 평온히 몸을 누이는 것이구나. 아멘, 나도 단지 목자 되신 나의 주님 따르는 마음을 배우며 의지함을 충만히 하여 열매 맺는 선교사가 되리라.

　　나의 목자 되시는 주여, 당신을 의지함으로 내게 부족함이 없음을 고백합니다. 나의 시야는 좁고 나는 위태로우나 주님을 의지할 수 있으므로 나는 열방으로의 행보가 두렵지 않습니다. 내가 나의 능력을 의지하여서는 자갈밭을 누비며 배고플 뿐이지만, 주님 나를 초장으로 인도하시어 배불리 먹이시니 내게 부족함이 없습니다. 주여 내가 사는 날 동안에 나를 내세워 내 자신을 의지하지 아니하고 목자 되신 주님을 의지하도록 허락하소서. 우리가 많은 것을 알고 있는 것 같아도 주께서 땅의 기초를 놓으실 때를 알지 못하오니 나의 교만을 가리시고 유약한 나를 안아 주소서. 영원한 잠에 들기까지 열방을 거니는 날 동안 주께서 나의 목자임을 잊지 않도록 지켜 주소서. 예수님의 이름으로 기도합니다. 아멘.

주님의 견인을 신뢰하게 하소서

in 베트남

이사야 26장 3절

주께서 심지가 견고한 자를 평강하고 평강하도록 지키시리니

이는 그가 주를 신뢰함이니이다

3년가량 담임 목회를 했었다. 소년원 퇴원생들을 목회하는 선교적 교회였는데, 때가 차면 아이들을 지역교회 일반 청년부로 편입시키는 것이 목적이었다.

1기라고 할 수 있는 첫 제자들을 지역교회로 편입한 후에 교회는 더 이상 유지하지 아니했다. 그 시절을 지나 지금 나는 더욱 교회 문밖으로 나와 심리연구소를 설립했고 이곳을 통해 논문을 등재하고 심리재활 도구 개발자로 발돋움했다.

내 연구소를 찾아와 심리재활을 받는 사람들은 소년원 관련 청소년들뿐만 아니라 정신과 진단명의 청소년들과 ADHD 아동, 성인 우울증 등 그 폭이 넓다. 게다가 심리재활이 필요한 사람들뿐만 아니라 심리재활을 제공하는 사람들도 많이 만나는 요즘이다. 코로나가 터진 이후로는 시대적 요청에 의해 디지털 음악을 활용한 온라인 음악치료에 대한 기대가 높아지면서 각종 음악치료 학회에서 '랩 음악치료'에 대한 강의를 서게 된 것이다.

얼마 전 보건복지부를 주무부처로 승인된 '랩음악심리지도사' 자격증은 내 논문 '소년원 퇴원생의 자기표현력을 위한 랩 중심 음악치료 사례연구'의 결과였다. 그런데 이 연구는 소년원 퇴원생 교회를 했던 3년이 없었다면 전혀 가능할 수 없는 결과임에 틀림이 없다. 현재 많은 특수교육 교사와 교역자 그리고 심리치료사들이 내 심리연구소에 찾아와서 거의 전무하다고 할 수 있는 부적응 청소년 심리재활도구로서의 '랩 음악치료'를 훈련받고 있다.

이렇다 보니 자연히 교회 문화 밖의 각종 상처 입은 사람들에게, 그리고 그 상처를 다루는 사람들에게 복음을 전할 기회가 자주 주어지게 되었고 복음을 모르는 사람들에게 전진코자 하는 이 선교사의 직업 만족도는 현재 최고 수준이다.

그러나 교회를 폐회 했을 당시에는 실패감과 무력감이 깊었던 것이 사실이다. 더욱 아파하며 악해지는 열방 속으로, 나를 더욱 세상으로 보내고자 하셨던 주님의 원대한 계획을 내 좁은 식견으로는 볼 수 없던 때였다. 아니, 더 정확히 말하자면 당시의 나는 당신의 선하신 계획안에서 내 역사를 이끌어가시는 주님의 견인을 신뢰하지 못 했다.

그러나 돌아보면 볼수록, 더 넓은 복음의 전함을 위한 주님의 견인은 참 빈틈이 없었다.

나는 가끔 주님의 견인을 기억코자 목회하던 시절의 사진을 꺼내어 본다. 인조잔디와 안전쿠션으로 마감한 어린이 축구장을 배경으로 촬영된 민장로님과의 사진이 오랜만에 반갑다. 당시 제자들과 헌금을 모아 베트남 호치민의 한 유치원에 어린이 축구장을 설치한 일이 있었는데, 은혜로운 인연이 있던 베트남 현지교회 민장로님 운영의 유치원이었다. 축구장 터를 처음 보았던 그날의 기억이 마치 어제 일처럼 떠오른다.

베트남 사람 민장로님과의 인연은 이렇다.

하루는 통장에 40만원이 있길래 40만원으로 왕복할 수 있는 나라를 알아보며 기도하다가 덜컥 아무런 연고도 없는 호치민으로 날아들었다. 수소문 끝에 얻은 주소 하나만 달랑 들고 처음 가본 현지인 교회에서 설교를 시켜 달라고 떼를 썼다. 정말이지 한국인은 고사하고 아는 사람도 하나 없는 예배당에서 한국 공장 노동자로 10여년 일했다는 분의 비전문 통역으로 설교를 했었다.

지금 생각해 보면 무대포도 그런 심각한 상위 무대포가 나였다는 것이 웃음이 난다. 진짜 선교에 정신이 나가서 앞뒤 없이 비행기를 타 버리는 그 열정만은 칭찬받을 만한 시절이었다.

민장로님은 그날 그 현지 교회의 장로였다. 우리는 그렇게 만났다.

영어가 수준급이던 민장로님은 그 이상한 통역 예배가 끝나고 재차 물었다.

"진짜야? 진짜로 우리 교회에 아는 사람이 없어? 무작정 온 거야? 통역이 없으면 어쩌려고 했어?"

"아…. 사실 저는 통역까지는 생각을 못했네요."

"너 진짜 크레이지맨이구나. 미쳤어. 예수님한테 완전히 미친거야."

그런데 사실 주님께 미쳐있기로는 민장로님도 한 미침 하는 사람이었다.

민장로님은 한국에서 나타난 크레이지 크리스천에게 보여 줄 게 있다면서 나를 자신의 미니스트리로 데려갔다. 미니스트리라고 하더니 도착한 곳은 어느 현지인 마을 깊숙한 곳의 유치원이었다. 그렇다. 이 유치원이 민장로님의 사역지였다.

민장로님은 불교사회인 호치민 민가에서 헐값에 양질의 교육을 제공하여 복음을 전할 기회를 만드는 방식으로 선교하고 있었다. 유치원에서는 성경을 교육하고 있었지만 워낙 저렴한데다가 영어와 예체능을 수준급으로 교육하기 때문에 학부모들은 이 유치원을 반대하기는커녕 자신들도 부모 교육을 열어주기를 부탁하고 있는 실정이었다.

민장로님은 대체로 사비를 들여 교육 기자재를 준비하여 유치원을 운영하고 있었다. 복음을 전하기 위함이라고 했다. 힘들지 않느냐는 나의 질문에 그는 물 한잔을 따르더니 작정하고 앉아서 내게 되물었다.

"베트남 전쟁, 들어 본 적 있어?"

국군이 참전했기 때문에 한국영화 소재로도 많이 쓰이는 그 전쟁, 유일하게 공산 진영이 승리했던 그 전쟁, 경부고속도로의 밑천을 벌어들인 그 전쟁이라면 꽤 알고 있었기에 고개를 끄덕거렸다. 민장로님은 마치 자신의 유치원 아이들에게 하듯 다정하고 쉬운 영어로 설명을 이어갔다.

"나 전쟁 고아야. 난 버려진 줄 알았지만 기독교인들의 손에 자라게 되었어. 부모가 없어졌다는 것을 알았을 때는 너무 괴로웠지만, 하나님은 내게 셀 수 없이 많은 믿음의 부모들을 만나게 해주셨지. 난 영적으로 고아와 같은 베트남 꼬마들의 복음 선생으로 견인되어 온 것 같아. 힘든 건 두렵지 않아. 잠시 고통스러워도 주님께서 나를 견인하고 계심을 믿거든. 난 그분의 계획을 가늠할 수 없지만 그분의 계획을 신뢰해."

영어가 자신보다 모자라는 날 위해 어렵사리 대화를 마무리한 그는 꿀꺽 꿀꺽 물 한 컵을 비워 버리고는 탁하고 내려놓았다. "자! 이제 따라와!" 민장로님은 뒷마당에 수영장을 보여 주겠노라며 나를 인도했다. 정리되지 않아 고르지 못한 폐허 위에 간이식 수영장이 설치되어 있었다. '이거 노는 땅이라고 해도 남의 땅에다가 이거.' 아무리 좋은 일이라지만 남의 땅에 수영장 놓고 그래도 되냐고 물었더니 그는 갑자기 큰형님 분위기로 내 어깨에 자신의 팔을 걸치더니 이 땅도 샀노라고 말했다.

이 땅도 유치원 땅이라기에 아니 무슨 땅을 이렇게나 사놓았냐고 물으니 이해할 수 없다는 표정으로 말했다. 답답한 모양인지 이번에는 제법 속도 조절 안 되는 빠른 영어였다.

"이봐 크레이지, 니가 그걸 물어 보면 어떻게 하냐? 이건 니가 베트남에 온 거랑 비슷하지. 어느 날 돈이 생겼어. 그걸로 사뒀어. 뭐 어떻게든 쓰이겠지 하고 말이야. 난 주님의 견인을 신뢰하니까. 넌 아니야?"

그 땅이 바로 나와 제자들의 헌금으로 만든 어린이 축구장이 된 땅이다.

세상은 민장로님을 고아로 정의했지만 그는 하나님의 자녀로 자랐다. 버려진 줄 알았던 그는 복음 선생으로 자라버렸다. 그의 의중이 아니었다. 어디까지나 선하신 주님의 견인이었다. 그의 견고해 보이는 눈빛은 내 눈에서 보이는 날카로움과는 다른 평강이 가득한 견고함이었다. 아마도 성경은 이런 견고함을 반석이라고 하는 것일지 모른다.

세상의 자녀들은 자신의 식견으로 오늘을 살아가지만, 하나님의 자녀들은 평강의 눈을 들어 열방을 바라보고 주님의 계획을 신뢰하며 은혜의 열매를 맛볼 미래를 살아간다.

예수를 모르는 가슴을 우리의 열방이라고 하자. 우리가 그 열방으로 나아갈 때 요구되는 필수 조건은, 나의 역사를 '복음의 전함'을 위하여 견인하시는 주를 향한 신뢰일 것이다.

열방기도

평강의 하나님이시어 내가 주를 향하여 견고한 신뢰로 서있기를 원합니다. 주여 오늘 본문을 통해 우리에게 말씀하시기를 '심지가 견고한 자'에게 평강을 주신다 하셨고 '심지가 견고한 자'는 당신을 신뢰한다고 말씀하십니다. 견고하고 심지가 굳은 믿음으로 바르게 서 있기를 원합니다. 미래가 보이지 않고 어렵습니다. 지금 내 앞에 있는 고난으로 넘어질 것이 두렵습니다. 하지만 넘어지고 배우는 것 또한 주님의 계획임을 신뢰하고 싶습니다. 내 좁은 소견으로는 목적지를 알 수 없는 힘든 여정이 계속되지만, 주여 나는 다 알 수 없으나 열방을 향한 주의 계획을 신뢰하며 굳건히 오늘도 한 걸음 나아가기를 소망합니다. 오늘 나의 굳은 심지로 뻗는 믿음의 한 걸음이 열방을 향하시는 주님의 역사 중 한 조각임을 믿습니다. 주여 나의 작은 이 한 걸음을 받으소서. 이 기도는 예수그리스도의 이름으로 기도합니다. 아멘.

열방의 제사장으로 살게 하소서

in 러시아

누가복음 23장 45절
성소의 휘장이 한가운데가 찢어지더라

러시아에서 가장 기억에 남는 것이라면 단연 '성 바실리 성당'이었다. 러시아 양식과 비잔틴 양식이 혼용 되어 지어진 이 아름다운 건축물은 러시아를 대표하는 랜드마크이자 우리에게는 테트리스 게임에 등장하는 성으로 알려져 있다.

수도 모스크바의 붉은 광장 남쪽에 위치한 이 성당은 러시아 황제 이반 4세가 전승을 기념하여 건축을 지시했고 건축가 포스트니크와 바르마에 의해 지어졌다.

러시아 정교회의 예배당인 이 아름다운 성당에는 웃지 못 할 비화가 숨겨져 있다. 1560년 완공 후에 황제는 이 아름다운 성당을 건축가들이 다른 곳에도 모방하여 지을 것을 염려하여 설계자 포스트니크의 눈을 멀게 했다는 내용의 비화다.

하지만 이 비화가 사실일 가능성은 매우 희박한데, 1560년 후로도 포스트니크는 활발한 건축 설계 활동을 해나갔기 때문이다. 그렇다면 이런 비화는 왜 구전 되었을까? 그 정도로 성 바실리 성당이 아름답다는 의미가 될 것이다.

성 바실리 성당 앞에 서서 올려다보면, 푸른 하늘에 그려진 적색의 성 위에 달콤한 아이스크림을 올려놓은 것 같기도 하고 고깔 모양의 폭죽을 뒤집어 엎어 놓은 것 같기도 하다. 동화 속에나 나올 것 같은 이 아름다운 성당에 들어갔을 때, 아름다운 성가대가 노래를 부르고 있었다. 울려 퍼지는 노래는 성당 전체로 뻗어 대었는데 듣기만 해도 귀는 물론이고 마음까지 정화가 되는 기분이었다.

이 아름답고 로맨틱한 노래를 배경 삼은 것인지 정교회 교인들은 성당 내부에 놓인 성물들에 입을 맞추며 경외와 기도를 올려 드렸다. 곳곳에 놓인 금장을 한 슬라브식 벽장식들도 인상적이었다. 벽 장식에는 온갖 성경 인물들과 성인으로 추대된 인물들이 그려져 있었고 그중 으뜸은 어머니 마리아였다. 사람들은 금장 그림 속의 마리아를 그윽하게 바라보며 손을 합장하고 무엇인가를 중얼거렸다. 이것은 마리아에게 기도한다기 보다는 마리아를 성인으로 추대하여 마리아를 매개로 예수님께 기도하는 것인데, 아무튼 그림에 대고 기도라니 나는 약간 괴리감이 느껴졌다.

성 바실리아 성당은 관광객 행색의 사람들이 많았지만 붉은 광장 입구에 마련된 '부활의 문' 중앙에는 현지인들이 주로 오가는 작은 성당이 하나 있었다. 이 작은 정교회 성당은 어머니 마리아를 성인으로 기념 내지 숭배하기 위해 만들어진 장소였다. 이 풍경이 내게 괴리감 들도록 어색한 이유는, 우리 개신교가 사람을 성인으로 추대하지 않기 때문이다. 이는 말씀에 근거한 명확한 이유가 있다(딤전 2:5).

앞서 말한 마리아를 수호성인으로 삼는 이 작은 성당에 들어가면 엄청난 금박을 입은 어머니 마리아의 그림이 정면에 자리하고 있다. 그리고 사방은 금박을 입힌 성물로 꾸며져 있었다. 글쎄, 이 성당이 마리아에 대한 하늘 아버지의 마음을 나타내는 것이라면 예수께서 말씀하신 청렴과 절제와는 거리가 멀어 보이는 장식들이었다.

공간의 중앙에는 한 사제가 서 있어서 역시 보기만 해도 금박 돋는 사제복을 입고 연기를 뿌리는 일을 하고 있었다. 현지인들은 그 연기 속에서 눈을 감고 기도에 젖어 들었는데, 이 사제와 일반 성도들 사이에는 영적 계층 따위가 보였다.

사제들은 인간과 신을 연결하는 특별한 제사장의 명분으로 일하고 있는 것이 분명해 보였고 일반 성도들은 그 수혜를 수동적으로 받는 입장인 것 같았다.

개신교에서는 목사와 일반 성도 간 계층이 존재하지 않음을 표방한다. 실제로는 제왕적 목회자가 버젓한 탓에 그렇지 못한 교회도 많지만 교리적으로는 분명 그렇다. 교회의 일원들은 모두가 각자의 직분이 있을 뿐이지 영적 계층의 높낮이로 나뉘지는 않는다.

왜냐하면 예수그리스도를 믿으면 모두가 제사장이라는 개념 때문이다. 이 또한 말씀을 기준하여 지키고 있는 개신교의 중요 교리인데 이와 같이 개(改, 고칠 개)신교는 무엇을 '개'했는가 하니, 성경 말씀에 없는 교회의 전통을 개혁한 것이다. 종교개혁가 칼빈은 말했다. "개혁된 교회는 계속 개혁되어야 한다." 개신교인은 끊임없이 무오한 진리요 하나님의 말씀인 성경 속에서 바른 길을 찾는 자들이다.

복음을 믿고 마음에 주님을 모신 우리는 말씀에 의거하여 모두 '왕 같은 제사장'들이다(벧전 2:5,9). 한낱 '평신도'라는 단어도 실은 '제사장'인 성도들을 적잖이 폄하하는 단어라고 생각된다. 평신도라는 단어 속에는 평신도 보다 뛰어난 특신도가 존재함을 나타내는 듯하다. 그리고 그 특신도란 여지없이 목사를 의미한다. 그러나 목사는 특별히 우위적 직분이 아니다. 목사라는 직분은 예수그리스도가 머리 되신 교회에서 성경 교사와 예식 집전을 섬기는 여러 직분 중 하나일 뿐이다. 이렇듯 성도 간 영적 계층을 폐기한 개신교에서 평신도라는 단어는 어쩐지 석연치 않다.

믿음을 가진 누구도 그 중에서 '특'하지 않고 반대로 '평'하지도 않다. 따라서 예수를 믿어 은총을 입은 우리 중 '평신도'는 없고 모두가 '제사장'이다. 그렇다면 어떻게 우리는 제사장이 되었을까?

예수께서 우리의 죄를 대속하신 그 밤에 휘장이 찢어졌기 때문이다.

이스라엘 성전에는 대제사장만 들어갈 수 있는 지성소가 있었고 그 지성소는 하나님의 임재가 가득한 곳이라고 했다. 이 지성소로 들어가는 출입구에는 문의 역할을 하는 커튼이 걸려 있었는데 이 커튼이 바로 휘장이다. 대제사장이 아니면 휘장을 걷고 지성소로 들어갈 수 없었다. 그런데 대제사장이신 예수께서 우리의 죄를 대신하여 죽으신 그 밤에 휘장을 찢으셨고, 이제 그 대속에 대한 믿음이 바로 지성소로 출입하는 열쇠가 되었다.

다시 말해, 대제사장만 드나들던 지성소를 복음에 대한 믿음으로 누구나 드나들도록 하신 것이다. 이 때문에 믿음을 지닌 자들에 대해서, 대제사장이신 예수그리스도의 보혈을 힘입어 지성소 하나님을 직접 만나는 제사장이라고 하는 것이다.

그렇다며 우리가 믿음으로 거닐 지성소가 있는 성전은 어디인가?

성 바실리 성당은 아름다웠지만 성전이란 결국 아름다운 건물을 말하는 것이 아니다. 예수 그리스도의 대속을 믿는 우리가 바로 성전이며 우리 마음 안에 지성소가 있다. 우리는 제사장으로서 성전인 나의 마음 안에 들어 하나님을 만날 수 있는 것이다. 그래서 믿음을 지닌 자들은 어디서나 마음 다하여 아버지를 부르면 그곳이 예배처가 된다.

건축가의 눈을 멀게 했다는 비화가 구전될 만큼 아름다운 건물에 드나든다고 해서 그 영혼이 정결함을 입는 것이 아니다. 특정 건물이나 그 안의 성물에서 정결함을 얻는 것이 아니라, 믿음으로 이루어지는 내 안의 지성소에 임재하신 주님과의 만남으로 하여 우리의 영은 정결케 되는 것이다.

믿음을 지녔기에 제사장이자, 믿음을 지녔기에 성전으로 세워진 우리 개개인은 땅에 세워진 그 어떠한 건축보다 아름다운 교회라고 할 것이다. 우리는 콘크리트로 뿌리 내린 건물이 아니라 복음을 전하기 위해 살아서 움직이는 교회들이다. 나와 여러분은 제사장으로서 열방으로 나아가 우리가 믿는 대속의 사건을 선포하는 사명을 지녔다. 작은 영혼 하나를 열방으로 알고 그 열방 안에 선교사로 세워지는 것이 우리가 제사장으로서 이 땅에서 사는 동안 해야 할 일이다.

열방으로 나아가 그리스도의 계절을 흩뿌리자. 성 바실리 성당에서 건물 전체로 뻗었던 그 로맨틱한 노래처럼, 나의 마음 깊은 곳에서 일렁이는 작은 불씨 하나가 열방으로 뻗어 대어 그리스도의 계절을 불러오리라. 아멘.

열방기도

할렐루야, 성전으로 세우신 내 안에 거하시는 주여 내가 믿음으로 인하여 주를 뵙고자 합니다. 나의 믿음이 주를 만나는 열쇠임을 알게 되었으니 주여 우리가 이 사실을 잊지 않고 제사장의 직분으로 이 세상을 살아갈 수 있도록 지혜와 총명을 더하여 주시기를 원합니다. 주여 열방으로 나아갑니다. 지구 반대편도 좋습니다. 옆집 이웃에게도 좋습니다. 주께서 보내시는 복음을 모르는 누군가의 심령을 열방으로 알고 담대히 나아갑니다. 영적 제사장으로서 그의 마음에 그리스도의 향기를 흩뿌릴 수 있도록 허락하소서. 주여 나는 움직이는 성전입니다. 주님을 모신 마음을 이끌어 주께서 돌보기를 원하시는 작은 영혼 하나에게 다가가고자 합니다. 열방을 향한 나의 이 작은 걸음을 귀한 찬양으로 받아 주실 줄로 믿사오며 이 모든 기도는 예수그리스도의 이름으로 기도합니다. 아멘.

당신을 따라 유랑하게 하소서

in 코스타리카

누가복음 9장 58절

예수께서 이르시되 여우도 굴이 있고 공중의 새도 집이 있으되

인자는 머리 둘 곳이 없도다

파나마 국경을 지나 코스타리카 수도 산호세까지 가는 길이었다. 가난한 여행자를 위한 에어컨 없는 국제버스를 타고 밀림을 지나는 사이, 활짝 열어둔 창문처럼 나도 한없이 환기되었다. 기대에 부풀어 도착한 산호세는 비온 뒤의 그 생기발랄함이 무척 인상적인 도시였다. 대체 뭘 보여주려고 그러는지 먹구름 반 맑은 구름 반, 산호세의 하늘은 수학여행 장기자랑에서 무대를 대기 중인 중학생처럼 어쩔 줄 몰라 하고 있었다.

스페인의 지배를 받았던 모든 중남미 나라들이 그렇듯 산호세 역시 광장을 중심으로 조성된 도로의 짜임이 무척 좋았다. 산호세시는 문화광장(Plaza de la Cultura)을 중심으로 여행자들이 충분히 도보로 여행할 수 있도록 꾸며 놓았다. 관광객들이 많이 찾는 명소인 국립박물관, 옥 박물관, 중앙은행박물관, 국립극장, 대성당 모두 문화광장을 중심으로 15분 거리 이내에 위치해 있고 각 지점들을 이어주는 길들에는 조형물들과 조경으로 잘 꾸며져 있었다.

이 문화 광장의 길을 인격으로 비유하자면 아마도 '여행사 가이드'라고 하면 좋을 것이다. 이 가이드는 등에 HELP라고 적힌 눈에 띄는 노란색 조끼를 입고서 신뢰감이 가는 7대3 가르마 머리를 하고 있을 것 같다. 이 지역을 한눈에 볼 수 있도록 제작된 지도를 목걸이로 만들어서 걸고 있으며, 신발은 구두처럼 보이지만 사실은 밑창이 고무로 된 운동화일 것이다. 그는 예의를 중요시하는 프로페셔널이기 때문에 구두를 선호하지만 구두 모양의 운동화를 선택했다. 가이드 일을 하기 위해서는 기동성이 매우 중요하다는 것을 오랜 경험으로 알고 있기 때문이다,

첫날은 그렇게 '여행사 가이드' 같았던 문화광장을 둘러보고, 다음날이

되어서는 잘 차려진 중미식사를 해보려고 숙소 호텔보이에게 물어 코스타리카 전통 식당으로 향했다. 택시를 잡아타고 20분가량을 이동했는데, 창밖으로 보니 산호세의 택시는 모두 빨간색으로 통일되어 있었다. 거무스름한 피부의 코스타리카 택시기사들과 무척 잘 어울렸다. 또한 그 붉음이 무더운 산호세의 날씨와도 잘 어울렸다. 열정이라면 붉은색을 떠올리게 되니, 택시가 달리는 코스타리카 거리의 활기와 열정을 닮은 색이기도 했다.

나는 빨간 택시 안에서 코스타리카의 동전 두 개를 만지작거리고 있었는데 아까 커피를 사고 남은 잔돈이었다. 얼마짜리 동전이었는지는 정확히 기억나지 않지만 유독 그 동전들은 무척 컸다. 내가 다녀본 모든 나라의 동전 중에서 제일 컸다.

적어도 우리나라 오백원짜리 동전의 두 배 넓이는 되어 보였다. 택시 안으로 코스타리카의 붉은 태양이 강렬하게 쏟아지고 있었는데 그 질감이 마치 바늘 같아서 눈이 부셨다. 선글라스를 안 챙겨 온 탓에 그 동전 두 개로 양쪽 눈을 가렸다. 이정도 크기의 동전이면 선글라스 버금가게 빛이 가려지지 않을까 싶었지만 어림없었다. 동전크기처럼 이곳은 태양의 크기도 두 배인 것만 같았다.

횡단보도 신호등에 택시가 멈추었을 때 흰 유치원복을 입은 꼬마 아이들이 재잘 거리며 콩콩 뛰어 건너는 모습이 보였다. 그 모습이 마치 이 강렬한 태양 빛에 튀어 오르는 팝콘 같아 보였다. 나는 볼 빵빵하게 미소를 가득 머금고서 생각했다.

'돌아가는 길은 꼭 걸어가야지, 저 횡단보도를 만약 인격으로 표현하자면…'

맛있게 식사를 하고서 식당에서 숙소까지 2시간 남짓을 걸어갔다. 지도도 없고 인터넷도 안 되었지만 걸어서 돌아갈 요량으로 택시 안에서 길을 봐두었기 때문에 별로 문제 되지 않았다.

숙소로 돌아 온 나는 콧노래 샤워를 했다. 명소 하나 가보지 않았지만, 산호세의 이름 모를 거리를 거니는 동안 이루어진 길과의 만남이 만족스러웠다.

나는 길을 참 잘도 기억한다. 길을 노선으로 기억하는 것이 아니라 길을 마치 사람의 얼굴 보듯 인격으로 인지하는 것 같다.

따라서 내게는 잘생긴 길도 있고 못생긴 길도 있는가 하면 우울한 길이 있고 유쾌한 길도 있다. 또는 배가 불러서 늘어진 길도 있고 운동을 많이 해서 몸이 좋은 길도 있고 과음을 해서 숙취가 쏟아지는 길도 있다.

그래서인지 내게 여행이라면 명소를 찾아다니는 것이 아니라, 단지 태양 아래에서 유랑자처럼 유유히 길을 거니며 길 자체를 인격으로 만나는 행위를 말한다고 하겠다.

한 가지 길은 그 길을 지나쳐간 사람들의 시간을 고스란히 간직하고 있어서 사람 얼굴의 주름과도 같은 흔적들이 있다. 예를 들어서 종로 2가 탑골공원 앞을 거닐면 3·1운동의 만세 소리가 들리는 듯 하고 남대문시장 일대는 봇짐을 진 상인들의 고단한 하루가 녹아 있어 '아이고 아이고 아이고' 소리가 들리는 듯하다. 패션 상가가 된 동대문, 용산전자상가, 오토바이는 퇴계로, 사진기는 충무로. 이 모든 길들이 하루아침에 각자의 특색을 갖게 된 것이 아니다. 모든 길은 오랜 시간 그 모습으로 살아 내어 특유의 모양에 닿은 것이기 때문에 의인화하여 시절을 지낸 인격으로 만나 보는 것이 가능하다.

학창시절에도 나는 노다지도 이 길 저 길을 돌아다녔다. 어른들은 이런 나를 '방황' 혹은 '반항'과 연결하여 훈계했지만 나는 나 스스로를 '유랑자'라고 불렀다. 조선 후기 유랑시인 '김삿갓'을 뛰어 넘는 최고의 유랑자가 되겠다며 설치던 나는, 이제 주님께서 보내시는 열방을 유랑하는 순회 선교사로 살아가고 있다.

하지만 최고의 유랑자가 되는 것은 일찌감치 포기했지, 예수님을 알기 전까지는 내가 최고의 유랑자라고 믿었는데 성경을 읽게 되면서 부터는 진짜 유랑자가 따로 있다는 것을 알게 되었기 때문이다. 나 따위는 유랑자라고 명함도 내밀지 못하게 만드는 인물이 성경 속에 있었으니 바로 예수님이었다.

> *예수께서 이르시되 여우도 굴이 있고 공중의 새도 집이 있으되*
> *인자는 머리 둘 곳이 없도다 _누가복음 9장 58절*

어디로 가시냐는 누군가의 질문에 답하시기를, 자신이 가는 길이 머리 둘 곳 없는 유랑자의 길이라는 것을 말씀하신다. 보통 이 말씀에 대해서 많은 설교자들은 예수께서 집이 없는 노숙자 'homeless'임을 부각시키지만 이 전문(?) 유랑자의 견지에서 보건데 예수님은 자신이 노숙자 'homeless'임을 말하는 것이 아니라 유목민 'nomad'임을 말씀하고 있는 것으로 이해된다.

노숙자와 유목민은 단순히 뿌리내릴 곳 없이 떠돈다는 점에서 모두 유랑자에 속한다. 그러나 노숙과 유목, 이 두 가지는 근본적으로 아주 다른 유랑이다. 노숙자 'homeless'는 말 그대로 집이 없는 사람이고 유목민 'nomad'은 집이 없는 것이 아니라 목양을 위해 어디든 집이 되는 사람이다.

'遊牧民'(유목민)을 한자로 풀이하면 遊(유람할 유), 牧(기를 목), 民(백성 민)이 되는데, 이는 기르기 위해서 유랑하는 사람을 말한다. 목사를 뜻하는 목도 牧(기를 목)이란 점을 상기하면 유목민은 기르고 돌보는 '목양'을 목적으로 유랑하는 사람임을 알 수 있다. 예수께서는 목적이 없이 유랑하는 노숙자가 아니라 우리의 상한 심령을 목양하시기 위해 유랑하시는 유목민이셨다.

나는 늘 기도한다. 내 유랑의 목적이 'homeless'의 방황이 아닌 '遊牧民'(유목민)의 목양이기를 말이다. 이 책을 걷고 있는 독자들도 나와 함께 기도하기를 원한다. 땅에 소망을 두고 뿌리 내리기보다는, 주님 주신 사명을 감당하기 위해 복음을 모르는 길로의 유랑을 감당할 수 있기를 말이다.

주님의 주시는 마음을 따라서 예수님을 모르는 한 친구의 마음속 길을 걸어 보라, 그 친구가 지나온 상처를 바라보고 그 마음에 새겨진 주름을 안아 보자. 그리하면 알게 된다. 그 친구의 마음이 당신에게는 열방이다.

예수님을 모르는 사람들에게로, 예수님을 모르는 거리로 유목민의 유랑을 시작하자. 예수그리스도의 유랑을 닮은 우리의 유랑이 걸어야 하는 길들은 아파하는 길이요, 세상에 유린된 길이자, 구원받아야 하는 자들의 길들이다. 그 열방의 길들로 유목의 걸음을 걷자.

지금의 안락과 풍요에 정박하지 아니하고 복음을 모르는 심령을 찾아서 주님을 따라 나그네의 노를 젓자. 주님은 나와 여러분들이 주님을 사랑하는 마음을 잘 알고 계신다. 주님을 따라 살고 싶은데 어떻게 하는 것이 옳은가 답답한 우리의 마음 길을 거닐고 계신다. 하여 이 지면을 빌려 우리에게 말씀 하시는지도 모른다.

나를 따라 유랑하는 자여 "내 양을 먹이라" _요한복음 21장 17절

주여, 주님을 사랑하면서도 내 안에 갇혀 지냈음을 고백합니다. 나의 평안과 안식만을 위해 살던 내 이기심을 용서하여 주소서. 주님 내게 오시어 내 마음의 길을 걸어 주시고 안아 주시고 상처를 싸매어 주셨음에도 저는 주님 따라 그리 사는 것에 열심을 내지 않았습니다. 타국의 길을 걸을 때면 그 땅에 서린 슬픔과 기쁨을 알게 하시고, 타인의 마음을 걸을 때에도 그 가슴에 새겨진 삶의 고단한 주름을 알게 하소서. 주여 내게 주어진 길이 나의 열방임을 당신의 이름 앞에 믿음으로 선언합니다. 제게 주어진 길이 그저 내 미래의 안위와 성공을 위한 길이 아니라, 그 길 위에서 만나게 될 영혼들을 향한 주의 파송임을 기억하게 하소서. 주여 세상을 따라서 무심코 걷는 것이 아니라, 목양하시는 주의 유랑을 따라서 잃은 양을 찾아 걷겠사오니 내게 목자의 길을 허락하여 주소서. 이 기도는 예수 그리스도의 이름으로 기도합니다. 아멘.

열방을 향하여 일어나게 하소서

in 스위스

누가복음 7장 14절

가까이 가서 그 관에 손을 대시니 멘 자들이 서는지라

예수께서 이르시되 청년아 내가 네게 말하노니 일어나라 하시매

종교개혁지 순례차 스위스 취리히에 도착하였다. 나는 삐딱한 언덕위에 있는 꽤 좋은 호텔에 짐을 풀었다.

독일에서 스위스까지 운전을 하며 오는 동안 쌓인 여독을 풀기 위해 좀 더 좋은 침구가 마련된 숙소를 잡게 된 것이다. 나는 보통 2주정도의 일정으로 해외를 다닐 때 약 10일이 지나갈 즈음 이렇게 하루 정도 좋은 숙소를 사용한다. 이 시점에서 잘 쉬지 못하면 나머지 일정이 고행이 될 수도 있기 때문이다.

회복하는 시간, 멈춰 서는 기간, 쉼의 시간은 무엇을 할 때라도 꼭 필요하다. 과부하는 언제나 쉼의 부재로 인해 생긴다. 일상에서의 쉼을 위해 배낭을 메었는데 여행에서 조차 과부하를 면치 못한다면 그만한 우매함이 없을 것이다.

늦도록 잠을 자고 시설 좋은 샤워실에서 뜨거운 물로 몸을 녹였다. 밤에는 과자나 까먹으면서 노트북으로 영화를 보았다. 좀비 영화였는데 자극을 기다리는 '휴면'상태의 좀비들은 꼭 멍하니 이불을 뒤집어 쓴 내 모습 같았다.

사전적인 의미의 '휴면'은 동식물 따위가 외부의 상황으로 인하여 발아, 발육, 성장을 멈춘 상태를 의미한다. 동물들의 겨울잠을 예로 들 수 있다. 한자의 뜻도 쉴 휴(休), 잠잘 면(眠)이니 휴면이란 결국 지고지순하도록 온전한 쉼을 의미한다. 그러니 취리히 호텔의 내가 딱 휴면상태였던 것이다.

그 하루의 쉼은 내게 큰 회복과 만족을 주었다. 늘어진 그대로 있다가 한국으로 돌아가고 싶은 생각도 들었지만 그럴 수는 없는 노릇이었다. 휴면을 끝내고 깨어나야 할 때에 휴면상태를 유지한다면 그것은 필시 죽은 것이다.

'휴면'을 정리하고 가벼워진 몸으로 취리히 일정을 시작했다. 만약 누군가 내게 종교개혁가들 중 누구와 닮고 싶으냐고 물어 온다면 망설임 없이 취리히의 츠빙글리를 외칠 것이다.

츠빙글리의 동상 앞에 도착했을 때, 츠빙글리의 손에 들린 큰 칼이 먼저 눈에 들어 왔다. 구교와의 전투였던 2차 카펠 전투에서 전사한 츠빙글리를 현실적으로 표현했으리라.

이 동상이 만들어질 때 몇몇 신학자들은 개혁가의 손에 칼이 들리는 것을 반대했다고 한다. 하지만 제작자들은 그의 실천적 영성을 깊이 기리며 결국 한 손에 칼을 쥐어주었다. 그러나 그가 칼을 들었던 이유에 대해 분명히 하기 위하여 다른 한 손에 쥔 성경을 칼보다 좀 더 높이 들고 있는 모습으로 제작하였다.

그 동상은 성경과 칼, 즉 이론과 실천을 동시에 들고 싸우라는 가르침으로 우리를 안내한다. 내가 취리히를 둘러보며 츠빙글리에게서 배운 신앙이란 예수님을 지적으로 동의하는 것에 멈추는 것이 아니라, 예수님과 함께 삶을 동행하는 것이었다.

나는 츠빙글리가 살았던 집 근처에 놓인 언덕을 걸어 보았다. 그가 위풍당당하게 거닐었을 언덕이었다. 길 양쪽으로 뻗은 상점들에게 인사를 나누는 그의 모습이 연상되었다. 그는 분명 넓은 어깨를 들썩이며 호연지기 넘치는 인사를 건넸을 것이다.

공동체 의식이 강했던 그는 목회자로서 책상에 앉아 성경을 읽는 시간만큼 동네를 거닐며 성도들의 마음을 읽는 일에도 열심을 내었을 것이 분명하다. 그의 이런 성격은 집도했던 성찬식의 특성에도 잘 드러난다.

1519년 그로뮌스터 교회의 목회자로 발령받은 츠빙글리는 발령 6년 뒤인 1525년 성찬식을 개혁하였다. 이전에는 청중을 등지고 십자가를 보며 성찬식을 진행하는 가톨릭의 방식이었지만, 그 방식에서 탈피하여 청중과 자신 사이에 잔과 떡을 놓고서 청중을 바라보며 성도의 공동체성을 부각시킨 성찬식을 집도하였다.

게다가 그가 성찬에 사용한 잔과 그릇들은 그 이전과는 다르게 나무로 만들어진 매우 소박한 형태였다. 허울 보다는 실존적 가치에 힘을 주는 그의 성향이 뚜렷하게 전해지는 대목이다.

성찬 개혁 6년 뒤인 1531년 그는 전사했다. 성도들은 한 목회자의 죽음이나 한 신학자의 죽음을 넘어서 진정한 친구의 죽음으로서 애도했을 것이다.

시장을 거닐며 우렁차게 인사를 나누던 배짱 좋은 친구가 죽었던 만큼 친구들은 상실감이 컸으리라 생각하며 나도 쓸쓸히 언덕을 내려왔다.

당시 사람들은 그의 죽음으로 스위스 복음주의의 물결이 정지되었다고 말했다. 실제로 츠빙글리가 죽고 스위스 종교개혁의 흐름은 잠시 걸음을 멈추었지만 그것은 내일을 위한 '휴면'상태였다.

츠빙글리를 이어 그로뮌스터 교회의 담임이 된 볼링거에 의해서 스위스 종교개혁은 휴면상태에서 일어나 복음주의를 향해 다시 정진 하였다. 볼링거 이후 스위스 복음주의는 존 칼빈의 손에 넘어가게 되었고 칼빈은 제네바에서 종교개혁을 완성했다. 스위스 복음주의라는 씨앗은 울리히 츠빙글리로 하여 뿌리를 내었고 존 칼빈이라는 열매로 나타났다.

츠빙글리를 깨우신 하나님, 그 뒤를 이어 볼링거를 깨우신 하나님 그리고 칼빈을 깨우신 하나님은 구교의 악습이 벗어진 신실한 예배를 받으시기 위하여 끊임없이 개혁가 청년들의 '휴면'을 깨우셨던 것이다.

나는 스위스 복음주의자들의 발자취를 따라 이제는 존 칼빈을 만나기 위해 3시간 남짓 제네바로 이동하였다. 칼빈의 도시 제네바는 프랑스와 아주 가깝게 마주하고 있는 프랑스어 사용 지역이었다. 제네바 일정 동안 내가 머물던 스러져가는 숙소도 프랑스에 소재하고 있었다.

숙소와 제네바를 오갈 때 마다 프랑스와 스위스의 국경을 넘어 다녔다. 아무래도 익숙해지지 않는 유럽 생활이었다. 나라 간의 국경을 아무렇지도 않게 도시 넘어 다니듯 넘어 다녔으니 말이다.

구교의 핍박을 피해 프랑스와 스위스를 오가며 숨어 지내던 청년 칼빈에게 깨어 일어나기를 설득하던 사람이 있었으니 그가 바로 스위스 제네바의 강력한 지도자 파렐이었다.

파렐은 츠빙글리 전사 5년 후였던 1536년에 자신의 도시 제네바는 구교가 아닌 개신교 도시임을 목숨 걸고 선포한 배포 큰 사내였다. 그는 행동으로 과격하게 제네바의 종교개혁을 시작한 인물이다. 그러나 그것은 군부독재처럼 완전하지 못한 개혁이었다.

파렐은 자신 스스로가 그 사실을 인정하고 있었다. 권력과 힘으로 제네바 개혁을 시작했지만, 그는 진정 제네바를 사랑하였음으로 더 젊고 박식한 칼빈에게 개혁의 깃발을 넘겨주기를 망설이지 않았다.

파렐은 제네바에서 1534년 '간결하고 간명한 해설'이라는 변증서를 출판했었다. 그러나 칼빈의 변증서 '기독교강요'를 읽고서 자신의 무능함을 단번에 시인하였다. 아, 이런 멋진 지도자를 갖은 제네바는 진정 축복받은 도시였다.

파렐은 '기독교강요'를 집필한 칼빈이라는 프랑스 젊은이가 가톨릭을 피해 제네바에서 은신 중이라는 소식을 듣고 기회를 놓치지 않았다. 그는 칼빈을 찾아가 제네바 개혁의 선봉에 서주기를 삼고초려로 설득하였다. 결국 칼빈은 권위를 내려놓은 파렐의 겸손한 빈손을 잡아 주었다.

그렇게 제네바는 취리히를 이어 복음주의 종교개혁의 고장이 되었다. 칼빈의 책들은 유럽 전체의 세계관을 바꾸어 놓았지만 만약 파렐이 삼고초려 하지 않았다면 우리 중 아무도 존 칼빈을 모르고 살았을지도 모를 일이다. 파렐은 주님의 음성을 듣고 은신 중인 칼빈의 휴면상태를 깨운 장본인이었다.

나는 제네바 일정의 마무리로 1559년 파렐과 칼빈이 손을 맞잡고 설립한 제네바대학에 닿았다. 제네바 대학에 들어서자 이 도시의 랜드마크인 종교개혁가 석상이 늠름하게 서 있는 모습이 보였다. 가장 왼쪽이 기욤 파렐이고 왼쪽에서 두 번째가 존 칼빈이다. 둘은 이 학교에서 사이좋게 구약과 신약을 나누어 가르쳤다.

그들은 이 교정에서 어떤 대화를 나누었을까? 날카로웠던 칼빈의 눈매도 내려앉을 즈음 칼빈은 파렐에게 나지막이 말했을 것이다. "형님, 그때 말입니다. 내 청년의 때에 나를 찾아와 주어서 고맙습니다. 나는 마치 겨울잠을 자고 있는 것 같았어요. 형님이 와서 그 잠을 깨워 주셨죠." 그러면 파렐 형님은 희어진 수염을 만지며 대답했을 것이다.

"이 친구야, 나야 주님의 알람 같은 것이었지. 주님께서 자네가 벌떡! 하고 일어나기를 바라신 게지. 자, 들어가세. 또 학생들을 깨우러 가십시다."

주여, 목사님들을 통해 듣게 되는 말씀과 우연히 SNS를 통해 접하는 말씀들 그리고 삶 중에 느껴지는 주님의 임재가 나를 깨우시는 당신의 목소리임을 알고 있습니다. 그럼에도 그저 안주하며 주저앉아 있었음을 회개하오니 고백하는 이 마음을 정결케 하여 주옵소서. 주여 내 영에게 허락하시고 명하시어 이제는 일어나게 하소서. 그리하여 나의 깨어짐과 일어남을 보고 열방이 주를 향하여 일어나기를 소망합니다. 오늘 이 책의 내용과 같이, 칼빈의 일어섬으로 많은 사람들이 밝고 바르게 성경을 알 수 있게 된 것처럼 나의 일어섬이 주께서 흠향하시는 선교적 열매로 맺어지기를 원합니다. 열방을 구원코자 하시는 나의 아버지시여 나를 일으키사 열방 가운데로 보내시어 많은 영혼을 깨우는 도구로 사용하여 주옵소서. 이 기도는 예수그리스도의 이름으로 기도합니다. 아멘.

몽골 청년집회

러시아 성바실리아성당

스위스 취리히

둘째 주

지
키
시
는
나

당신의 말씀을 전하게 하소서

in 불가리아

디모데후서 3장 16절
모든 성경은 하나님의 감동으로 된 것으로
교훈과 책망과 바르게 함과 의로 교육하기에 유익하니

성경을 랩으로 암송하는 콘텐츠 'BIBLE RAP' 불가리어 편 제작 회의차 불가리아 수도 소피아 공항에 도착하였다. 본격적인 일정을 시작하기에 앞서, 소피아에서 3시간 남짓한 거리의 지역 도시 커르잘리로 이동하기 위해 승용차를 렌트했다. 연이 있는 선배 선교사님 부부를 만나기 위함이었다.

커르잘리는 정말이지 시골 중의 시골이었다. 산중에 인터넷 신호가 막혀 내비게이션이 끊어지는 곳, 선배들이 있는 그곳은 정말이지 첩첩산중의 숨겨진 요새와도 같은 곳이었다.

그 요새에 주님은 당신의 선교사들을 살게 하시고 복음이 척박한 그 땅을 사랑하게 하셨다.

구소련의 정취가 가득한 커르잘리에 도착하여 선배들의 집무실에 들어갔을 때, 집무 하시는 책상에는 3가지 언어의 성경이 펼쳐져 있었다. 한국어 성경, 불가리어어 성경 그리고 튀르키예어(터키어) 성경이었다. 이렇듯 커르잘리에서의 선교는 튀르키예어와 불가리어어를 동시에 활용해야 하는 선교였다.

커르잘리는 과거 오스만튀르크의 영토였기 때문에 오랜 시간 튀르크 민족이 거주하던 땅이다. 이 땅이 불가리아의 영토가 되면서 불가리아 정부는 커르잘리 거주의 튀르크 민족에게 불가리아 시민권을 부여했다. 현재 이곳 커르잘리는 튀르크 민족, 즉 튀르키예인 거주의 불가리아 땅이다.

도시 절반이 튀르키예 사람들인 이곳에서 선배들은 튀르키예 무슬림들을 선교하고 있었다. 그러니 튀르키예어 활용이 필요했고, 또한 불가리아 거주이기 때문에 모든 행정과 공무는 불가리어어를 사용해야 했다. 나는 흡사 신학자 같은 구색의 책상을 보자니 감탄스러워 남편 선교사님께 말했다.

"목사님, 공부량이 엄청나시겠네요."

선배는 어찌나 주님 향한 만족으로 살아오셨는지를 보여주는 눈주름을 지으며 말했다.

"서 선교사 몰랐구나, 나 목사는 아니에요. 그냥 성도지 뭐, 허허허."

아뿔싸 나에게도 성경을 공부하는 사람은 목사라는 편견이 있었나보다.

개신교 원류들은 교회의 전통과 권위가 아니라 성경 말씀을 그대로 따르고자 했다. 구교의 성직제를 거부하고 만인제사장설로 단결하여 발족 된 우리 개신교가 여전히 말씀 맡은 특권자를 목사로 여기는 것은 우려스러운 일이다. 예수그리스도를 믿는 모든 성도가 복음의 말씀을 알고 또 전할 수 있어야 함에도 특별히 목사만이 하나님의 말씀을 전할 수 있다는 사고는 '말씀대로'라 외치는 개신교의 교리와 상반되는 것이다.

복음의 말씀을 전하는 것이 선교라고 할 때, 선교사는 목사의 직분을 받은 자들이 행정적인 파송을 치른 것을 의미하는 것이 아니다. 선교사란, 하나님의 말씀을 열방에 전하는 모든 그리스도인들의 총칭이다.

커르잘리의 밤, 길게 이어진 선배들과의 대화는 내가 불가리아어로 'BIBLE RAP'을 제작하는 당위성에 대해 더욱 확고한 신념을 갖도록 인도해 주었다. 단 하루의 반가운 교제는 참 진했다. 갓난아이를 데리고 커르잘리로 이주하여 그 아이가 대학생이 되기까지 육으로 영으로 체험하고 불가리아 사회에 대해 느끼신 것을 아낌없이 나누어 주셨다

불가리아는 그리스도교의 한 분파인 정교회 국가다. 정교회 성도들은 개신교와 다르게 성경 보다는 교회의 전통을 따라 성직자와 평신도를 엄격하게 구분한다고 한다. 그렇다 보니 일반 성도들은 성경 지식을 잘 모르는 경우가 많다는 사실을 알게 되었다.

그것도 그럴 것이, 불가리아 사람들은 대체로 성경에 계시 된 말씀으로

하나님을 만나는 것에 익숙지 않고, 교회의 예식으로 하나님을 만난다고 생각한다. 때문에 불가리아 정교회 성도들은 성경이 말하는 구원의 조건인 '믿음'이 아니라, 불가리아의 국민으로 태어나서 받는 '세례'가 구원의 조건이라고 믿는다고 한다.

성직이 아니라면 말씀 공부가 크게 지지 되지 않는 불가리아의 종교적 환경에서, 성경 말씀 자체를 랩으로 만들고 젊은이들이 성경을 쉽게 접할 수 있도록 하는 'BIBLE RAP' 문화선교가 참 귀하다는 생각이 드는 밤이었다.

또한 불가리아 땅의 튀르키예 무슬림들을 향한 선배들의 그 붉은 마음은 이 후배 선교사의 사명관을 더욱 단단하게 훈련해 주었다. 뜨거운 포옹으로 언제 다시 만날지 알 수 없는 인사를 나누고 이제는 본격적으로 제작회의를 하기 위해 수도 소피아로 향했다.

소피아의 일정동안 며칠은 자료 수집을 위해 젊은 층이 드나드는 펍과 바를 돌아다녔다. 술집에 틀어 놓은 뮤직비디오와 음원차트를 확인하고 펍에서 만난 현지 청년 여럿에게 물어 청년들이 많이 듣는 음악의 유튜브 링크를 다수 수집하기도 했다. 불가리아의 랩 음악의 수준을 가늠하고 선호되는 비트(랩의 반주음악)의 타입을 알기 위함이었다.

또한 정교회 예배당에 출입하여 이들의 예배문화에 대한 정보를 수집하기도 했다. 정교회 예배당에는 휘장이 존재했다. 하나님의 거룩을 기억하려는 디자인상의 휘장이 아니라, 정말 휘장의 용도로 쓰이는 휘장이었다. 예배가 시작되면 성직자들이 휘장 속에서 근엄히 나와 향 피운 연기를 성도들에게 뿌려주었다. 영적 계급이 높아 보이는 사람들이 자신들의 장소에서 휘장을 걷고 나와 낮은 계급에게 은혜를 선사하는 모양새였다.

보기만 해도 없던 신앙심이 생기는 이 풍경은 아름답지만 우리 개신교에는 없는 풍경이다. 다시 말하거니와 개신교는 오직 말씀 가운데 주님을 바르게 알기를 원하는 바, 골고다에서 우리를 위하여 예수께서 죽으신 그 밤에 휘장이 찢기었다고 믿는다(마 27:51). 또한 이 대속을 믿는 자는 영적 계급의 차이 없이 누구나 하나님을 직접 만날 수 있는 제사장임을 믿는다.

자료 수집기간이 끝난 뒤에는 소피아 현지에서 청년 사역을 하시는 선교사님들에게 조언을 구하는 시간을 가졌다.

나는 추워지는 찰나의 동유럽 길목 가로등 아래에서 선교사님을 기다리고 있었다. 누군가 내 등을 툭툭 두드리기에 고개를 돌리자 커다랗게 웃어 보이는 40대 한인 아저씨 하나가 눈웃음 서글서글하게 서 있었다. 이 한인 아저씨는 최근 불가리아 현지인 청년교회를 개척한 귀한 선교사님이었다.

"어우, 서 선교사님 생각 보다 젊네. 힙합 한다더니 진짜 느낌 있네요. 요 요 요!"

정말이지 누가 봐도 청년을 사역하시는 말투였다. 한국교회의 청년사역자들은 아무나 스타로 만들어 버리는 특유의 도구를 지닌 듯하다. 외로움에 찌들어가는 사회 속에서 교회에 오면 환영 받는다는 확신을 주는 좋은 도구다. 나는 느낄 수 있었다. 처음 본 내 어깨를 들썩이게 하는 이 사람 '고수'다.

이 고수의 눈웃음과 끄덕임에 휘말려 나도 모르는 사이에 많은 이야기를 쏟아 내었다. 나중에 이 고수 선교사님의 동료 선교사님 한 분이 합석을 하게 되었는데, 아니 글쎄 이분도 고수였다. 두 분은 내가 말 할 때면 미어캣처럼 눈을 동그랗게 뜨고 경청해 주셨다. 내 말의 끝 마다 이어지는 격한 끄덕임은 마치 헤드뱅잉 같았으며, 적절히 발사하시는 '아멘'은 내가 바로 이 불가리아 선교의 핵심이라는 이상한 생각까지 하도록 이끌었다.

이 두 분이 청년들을 상대로 복음을 전하니 망정이지, 청년들을 상대로 다이어트 제품 따위를 팔았다면 부자 중의 부자가 되었을 것이다. 이렇게 귀한 청년 사역의 일꾼들이 부자를 꿈꾸기 보다는 하나님과 부자지간이기를 꿈꾸니 불가리아는 축복받은 땅이다.

선교사님들이 전해주기를, 정교회 사람들은 살면서 대체로 예배당에 3번 간다고 했다. 태어나서, 결혼 할 때, 죽었을 때 이렇게 3번이라는 이야기가 인상적이었다. 농담 반 진담 반이었겠지만 이렇듯 생애 중요한 시점에 예식 차 만나는 주님이 전부는 아니기에 우리는 안타까워했다.

"서 선교사님. 우리는 불가리아 청년들한테 말이죠. 성경을 통해서 언제 어디서나 만나는 주님을 가르쳐주고 싶은데, 그렇게 된다면 신앙이 단순히 종교가 아니라 삶이 될 텐데…. 성경을 접할 수 있도록 하는 도구가 너무 부족해요."

이런 상황 가운데 불가리아 청년들에게 친숙한 문화인 랩으로 성경을 읽게 하는 불가리아어 'BIBLE RAP' 제작은 참 반가운 소식이라고 하셨다.

회의를 마무리 하고 숙소로 돌아 오는 길, 젊은이들의 유동이 많아 소피아의 명동이라 부르는 '비토샤 거리'를 지나치게 되었다. 초겨울의 쌀쌀함이 고즈넉하게 내려앉은 거리에는 많은 종류의 청년들이 거닐고 있었다. 한 펍 앞에서는 큰 모자를 눌러 쓴 청년이 힙합음악을 연주하고 있었는데 그의 모습에 내 청년시절이 오버랩되었다.

나는 그저 힙합음악을 사랑하는 청년이었다. 이것이 선교의 도구가 되리라는 생각은 해보지 못했다. 힙합은 어떤 종류의 음악이냐 물어오면 "힙합은 나를 표현하는 음악이야."라고 대꾸 했던 기억이 난다. 실제로 힙합 뮤지션들의 주요 주제는 바로 자기 자신이다. 나도 힙합음악을 하는 사람으로

서 나를 전하던 시절이 있었다. 그러나 가슴에 복음이 피어오르면서는 힙합을 도구로 하나님의 말씀을 전하는 사람이 되었다. 그런데 내가 아니라 하나님의 말씀을 드러내었을 때 나는 더욱 선명하게 드러나곤 했다. 그 말씀이 진정한 내 존재를 말해주고 있었기 때문었다.

하나님의 말씀은 듣는 이로 하여금 자신의 진짜 정체를 알도록 한다. 말씀은 진리를 깨우치도록 한다. 우리가 하나님의 자녀요, 하늘나라의 상속자임을 여지없이 알도록 한다. 복음을 믿는 자들은 깨우치게 하시는 하나님의 말씀을 전하는 자들로 세워졌음을 기억해야 한다.

할렐루야, 우리의 삶과 우리의 직업 혹은 기술이 선하신 하나님의 말씀을 전하는 도구가 되기를 바란다. 열방에 말씀을 전하는 것은 특정 계급이나 직분의 특수한 사명이 아니라 예수그리스도를 믿는 우리 모두의 보편적 사명임을 기억하자.

주여 내게 하나님의 말씀을 전할 수 있는 은혜를 허락하여 주소서. 나의 나 됨을 전함이 아니라 오직 예수그리스도 복음의 말씀을 전할 수 있도록 인도해 주시기를 원합니다. 예수님을 믿는 내가 곧 제사장임을 알게 하시고 이 열방 가운데 세우신 제사장의 역할로서 말씀을 전하며 살 수 있도록 나를 단단하게 하여 주시기를 원합니다. 이를 위하여 성경을 알 수 있는 지혜를 주시며, 다시 말하거니와 자칫 말씀이 아닌 내가 주제가 되지 않도록 보호하여 주소서. 내가 살아온 나의 역사가 주님의 말씀을 증언하는 도구가 되기를 소망합니다. 열방 속에서 그저 살아가는 것이 아니라 성경의 명령을 따라 제사장의 직분으로 살게 하소서. 이 기도는 우리의 대 제사장 되시는 예수그리스도의 이름으로 기도합니다. 아멘.

진정한 자유를 알게 하소서

in 튀르키예(터키)

요한복음 8장 36절

그러므로 아들이 너희를 자유롭게 하면 너희가 참으로 자유로우리라

튀르키예 이스탄불에 도착하여 예약한 숙소를 찾아가는 길이었다. 나는 왠지 어색한 느낌이 들었다. 지금까지 내가 경험한 많은 무슬림 국가들은 미국의 것이라고 하면 충분히 싫은 티를 내면서 기회만 있다면 미국의 온갖 것을 욕하거나, 사람 좋게 어깨동무를 하고는 맥도널드 등의 미국 기업에는 출입을 삼가는 게 좋을 거라며 엄포를 놓기도 했었다. 그런데 이스탄불의 숙소는 예약도 미국 어플로 했고 통화도 미국 어플로 했다.

미국 어플로 통화를 하며 거니는 무슬림의 거리에는 히잡을 쓴 여성들도 많지 않았고 모스크(무슬림들의 예배당)에서 무슬림 특유의 기도 호출 소리가 들려와도 흔들림 없이 미제 햄버거를 우걱우걱 먹어대는 청년들이 널려 있었다.

이스탄불의 명동 거리라는 이스티클랄 스트릿에 나가 보면 미제는 물론이고 정말이지 북한 제품 빼고 다 있었다. 문호 개방의 자유 무슬림 국가라니 아무래도 어색했다. 거리 곳곳에는 자유의 상징이라는 그레피티로 여성 인권 운동에 대해 외치는 움직임들이 보였고, 실제로 우연히 마주친 밤거리에서 한 중년 남성과 젊은 여성 간의 싸움을 목격하기도 했었다.

그들의 언어를 전혀 알아들을 수 없었지만 남성의 검지가 여성의 머리와 다리로 거칠게 오가는 것을 보니 히잡을 쓰지 않았음과 치마가 짧은 것에 대한 오지랖이 아니었을까 싶다. 언성을 높이던 여성은 아예 상반신의 옷을 벗어 버렸고 이어 주변 젊은이들이 환호성을 쳐대었다. 이제 속옷 차림이 된 여성은 남성에게 검지가 아닌 중지를 들어 보이곤 당찬 발걸음으로 사라졌다.

'여기가 무슬림 지역이라고?'

내가 머물던 숙소의 1층에는 펍이 있었는데 알고 보니 공교롭게도 그 동네 전체가 펍들이 즐비한 거리였다. 일정 동안 나는 도저히 잠을 잘 수가 없었다. 정말 상상도 못할 무슬림의 밤들이었다. 이 가난한 여행자는 호텔로 가지 못하고 옥탑을 개조한 간이 숙소를 쓰고 있었는데 1층에서 얼마나 담배를 피워 대는지 건물의 옥상까지 그 역한 냄새가 꾸역꾸역 올라와 방 안을 뿌옇게 만들었다. 내가 잠들지 못한 것은 담배 냄새 때문만은 아니었다. 무슬림 세계의 취중 고성방가라면 상상도 못 할 일이지 않은가? 튀르키예 무슬림들의 고성방가는 새벽도 아니고 아침까지 이어졌으며, 아침이 되었다고 해도 거리 곳곳에서 오바이트를 하는 모습을 쉽게 볼 수 있었다. 히잡을 벗어던지고 애정행각을 벌이는 여성들도 있었다. 여자들끼리 말이다.

술 자체를 엄격히 금하거나 동성연애의 경우 종교적 위법으로 처벌하는 여러 무슬림 국가를 경험했던 나로서는 정말이지 충격이 아닐 수 없었다.

하루는 숙소 보일러가 고장나서 주인장이 고치러 온 일이 있었는데 동네가 너무 시끄럽다고 투정하니 "잇이스 프리덤."이러고 앉아 있다.

이보게 주인장, 나도 한 프리덤 하다가 선교사가 되었는데 말이야. 이건 자유가 아니고 방종이야. 내가 잘 아는 맛이라고, 나도 한때는 정신머리 없이 멋대로 휘둘러 대는 게 자유라고 생각했지. 자유에도 격이 있는데, 이 거리의 자유는 초기 중의 초기야. 내가 중학교 때나 하던 방종을 자유랍시고 펼치고 있는 중이라고, 오바이트 같은 걸로 말이야.

튀르키예는 자유국을 표방한다. 이를 격이 있게 표현하여 '세속화 무슬림' 지역이라고 하는데 튀르키예 정부는 EU 가입을 위해서 인종의 자유, 성별의 자유 그리고 종교의 자유까지 외치고 있다. 이스탄불 협정이라는 세계 여성 인권조약을 단행했으며 이 인권조약의 무대는 조약의 이름에서 알 수 있듯이 이스탄불이었다. 외신들은 무슬림 지역 내에서의 여성인권 조약이라는 점을 고무적이라며 발 빠르게 보도하곤 했었다. 게다가 종교의 자유를 선언하여 누가 무슨 신을 믿는지 그 자유를 보장하겠노라며 여러 종류의 행정적인 자유를 선언했다.

그러나 그 선언은 어디까지나 행정일 뿐이었는지, 튀르키예 정부는 하루아침에 이스탄불 협정을 탈퇴하고 최근 히잡 의무화를 추진하고 있다. 이로 인해 세대와 성별 간의 갈등이 걷잡을 수 없는 상태로 치닫고 있다. 또한 행정상 종교의 자유를 선언했지만 정부차원의 공익광고가 미진한 탓에 선교 사회는 이 정책이 큰 실효성이 없었다고 평가하고 있다. 여전히 중고등학교에서 크리스천이라는 게 밝혀지면 왕따와 같은 사회적 폭력이 계속되고 있는 실정이니까 말이다.

건국 기념비가 세워진 탁심 광장에 아무렇게나 버려져 방종스레 흩날리는 쓰레기들처럼, 튀르키예의 진정한 자유화는 멀고도 험하고 또 씁쓸해 보였다. 하루는 포장마차에서 케밥을 사다가 탁심 광장에 앉아 끼니를 때우고 있는데, 옆에서 같은 케밥을 먹던 미국인 하나가 캘리포니아식 구불렁 영어로 인사를 건네와 몇 마디 대화를 나누게 되었다. 자유국의 큰집이라는 자부심이 엿보이는 이 미국 친구는 십자가 반지를 하고 있었는데, 대화의 빈 공간을 허용 못하는 말 많고 리액션도 풍부한 진짜 미국인이었다.

"코리안, 그래서 어때? 여기 진짜 자유국가인 것 같아?"

나는 아메리칸 친구 손의 십자가 반지를 가리키며 말했다.

"너 예수 믿어?"

그는 눈과 입술 그리고 콧구멍까지 동그랗게 만들어서 말했다.

"오~~~브콜스~~"

"행정적으로 자유국이면 진짜 자유가 있냐? 예수님을 알아야 죄에서 해방되고 죄에서 해방되어야 자유가 있지." 나는 다시 한 번 반지를 가리키며 말했다. "너도 알지?"

그는 눈을 감고 미간에 힘을 주고는 머리를 좌우로 저으며 들으라는 것인지 혼잣말인지 알 수 없는 성량으로 '에이맨'을 반복하더니, 반지에 입을 맞추고는 '오 마이, 오 마이' 왠 탄성에 젖어서는 하늘을 향해 반지 낀 주먹을 들어 보였다. 진짜 대단한 리액션 부자였던 그 친구 덕에 난 마치 미국 시트콤 안에 들어와 있는 것 같았다.

예수님께서도 내가 미국 친구에게 들었던 질문을 들으셨다. 요한복음 8장 33절에는 예수님을 향한 자유에 대한 청중들의 살기서린 질문이 기록되어 있다.

> 그들이 대답하되 우리가 아브라함의 자손이라 남의 종이 된 적
> 이 없거늘 어찌하여 우리가 자유롭게 되리라 하느냐?
> _요한복음 8장 33절

청중들은 자신들이 이미 자유민으로서 누군가의 종이 된 일이 없는데 무슨 말이냐고 따진다. 이들은 정치적으로 혹은 행정적으로 누리는 자유를 진짜 자유라 믿고 있었다. 예수께서 다시 답하시기를 우리가 죄의 종으로 살고 있으나 자신이 하나님의 아들인 진리를 알고 죄로부터 해방되어 진정한 자유 안에 거하기를 축언하신다.

> 예수께서 대답하시되 진실로 진실로 너희에게 이르노니 죄를
> 범하는 자마다 죄의 종이라 종은 영원히 집에 거하지 못하되 아

들은 영원히 거하나니 그러므로 아들이 너희를 자유롭게 하면 너희가 참으로 자유로우리라 _요한복음 8장 34절~36절

진정한 자유는 행정이나 정치적인 구조에서 오는 것이 아니라 우리가 그리스도로 인하여 죄로부터 해방된 하나님의 자녀임을 믿을 때 주어진다. 진정한 자유는 취중의 고성방가가 아니라 어지러운 세상 중에도 고요히 하늘 아버지의 품을 자녀로서 사는 것이리라.

또한 진정한 자유는 우리에게 갇힌 자들이 모르는 참 평안을 준다. 이 평안은 아무렇게나 휘둘러 대는 밤 사이의 방종이 아니라 내 연약한 모든 몸짓을 밝히 보시는 대낮 같은 하나님 아버지의 시선이다. 여전히 나의 걸음이 서툴고 도처에 서슬퍼런 위험들이 산적해 있지만 내가 이 어둠 속을 누비면서도 자유 할 수 있는 이유는, 언제나 나를 뚜렷하게 보고 계시는 아버지의 시선에 흠이 없음을 알기 때문이다.

그리스도인은 유한한 재물과 결국 사라질 시절에 매여 죄의 세계에 갇힌 자들이 아니다. 우리는 죄로부터 해방되어 자유민으로서 빛을 들고 어디든지 갈 수 있다. 예수께서 하나님의 독생자라는 이 진리를 믿고 해방되어 복음의 빛을 품은 우리는 온 열방을 누빌 수 있는 아들딸들이다. 열방은 여전히 어둡고 우리는 빛의 자녀인 바, 세상이 우리에게 진정한 자유가 무엇이냐 물으면 '예수그리스도의 복음'이라 말할 것이요. 그래서 너희는 누구냐 물으면, 우리는 열방이 죄에서 해방될 수 있도록 '진정한 자유의 빛을 비추는 자들'이라 선포해야 할 것이다.

주여 내가 당신의 자녀로서 열방을 누비게 하시니 감사합니다. 죄에 묶이고 죄에 갇혀 있던 나를 예수그리스도의 이름으로 해방하시어 진정한 자유를 입게 하신 당신의 이름을 찬양합니다. 진정한 자유인 복음의 빛을 품고 살게 하소서. 하여 내가 어디서 무엇을 하든지 내가 서있는 곳을 빛으로 비추어 어둠을 몰아내게 하소서. 누구에게 보내시든지 그 영혼을 하늘 아버지께서 내게 맡겨주신 열방이라 믿을 수 있는 용기를 또한 허락하여 주소서. 제게 보이시는 어둠과 방종을 열방으로 알고 나아가 주의 이름으로 진정한 자유의 빛을 밝히는 자녀로 나를 사용하여 주옵소서. 이 기도는 진정한 자유가 되시는 진리 예수그리스도의 이름으로 기도합니다. 아멘.

두려움에 속지 않게 하소서

in 이집트

"뭘 그렇게 챙겨 인마."

제자들과 출애굽경로를 여행할 때의 일이다. 제자 하나가 짐을 줄이지는 못할망정 컵라면을 잔뜩 구겨 넣고 있기에 핀잔을 했다. 한국에서도 먹는 라면을 무엇 한다고 그리 애지중지 챙겨 가는지 영 마음에 들지가 않았다.

커다란 배낭을 메고 이집트 카이로에 도착한 우리는 당연히 피라미드를 보자고 한껏 흥분되었다. 커다란 덩치들로 어깨동무를 하고 소녀처럼 재잘대며 피라미드가 있는 가자지구로 길을 나섰다. 우리를 태운 택시가 흙먼지를 일으키며 피라미드 앞에 도착했을 때 먼저 놀란 것은 정교한 건축물 때문이 아니라 이 위대한 거대 유적을 단순한 관광 상품으로 전락시키고 있는 현지인들의 태도였다.

입구에서부터 이어지는 호객행렬은 도대체 누가 진짜 가이드이고 누가 사기꾼인지 알 수 없었고 가이드의 비용은 물론이고 유적에 출입하는 티켓 가격까지 말이 다 달랐다. 그 옛날 이런 정교한 삼각뿔의 무너지지 않는 건축이라니 위대한 것만은 사실이지만, 이 위대함의 격을 무너뜨리는 이들의 태도는 석연치가 않았다.

몇 개의 피라미드 중 유독 한 피라미드는 안으로 들어가는 입구가 개방되어 있었다. 이 입구를 지키고 있던 경비원이 크게 소리쳤다. "라스트 타임!" 이 위대한 유적의 경비라고 하기에는 명찰하나 없는 것이 수상했지만 일단 그리 소리를 지르니 나는 덜컥 '뭐야? 피라미드에 들어가 보는 마지막 기회라는 게야?' 하는 생각이 들었다. 내 흔들리는 눈동자를 감지한 꼬마들이 득달같이 달려들어 반복적으로 떠들기 시작했다. "라스트 타임, 라스트 타임!" 우와, 이게 지금 나를 낚으려는 것을 다 알면서도 생각이 이어졌다. '아니, 근데 만약에 진짜면 어쩌냐고? 제자들 데리고 지금 지구 반 바퀴

를 날라 왔는데!'

"뛰어!"

내가 달음질을 하자 제자들도 "형님이 뛰라신다!" 하더니 따라 뛰기 시작했다. 경비원은 유일하게 들어가 볼 수 있는 피라미드라고 소개하며 티켓을 사라고 했다. 티켓 가격을 물어 보는 사이에 아까 그 꼬마들은 자신들이 에스코트 해줬다며 "원 달라, 원 달라!"를 소리치고 있었다. 정말이지 정신이 하나도 없었다. 대체 무슨 생각이었는지 나는 경비원이 달라는 대로 비용을 줘버리고 피라미드 안으로 도망치듯 입장했다. 그 비용이 어느 정도였는지는 창피해서 못 적겠다. 사실 입장료가 진짜 존재하는지도 모르겠다.

피라미드에 들어가 오리걸음으로 나무 계단을 올라야 했는데 그 폐쇄공포증 유발하는 터널을 15분정도 올라간 것 같다. 기대 반 두려움 반으로 관이 있는 방에 도착해서야 허리를 펼 수 있었다. 저기 벽 끝에 단이 하나 있고 그 위에 돌로 된 관이 하나 놓여 있었다. 다른 유물들은 박물관으로 옮겨졌는지 없었고 그저 그 관만 덩그러니 놓여 있었다. 먼저 다다른 관광객들이 그 관 앞에서 속을 들여다보고 있기에 나도 침을 꼴깍 삼키며 '미라라도 있을까? 제자들이 보고 있는데 쫄리면 어쩌지?'하며 관 속을 보려고 머리를 들이밀었다.

이런, 관 속에는 껌 종이 하나만 구겨져 있었다.

너무 허망했다. 그뿐인가. 벽면에서는 소변 냄새가 진동을 했다. 이 무덤자리 주인은 알았을까? 땅의 권력이 사라지는 것이 두려워 영원히 살기를 소망하며 지은 자신의 무덤이 소변기가 되었음을 말이다. 왕, 그들의 두려움이 허망하구나.

카이로의 일정을 마무리하고 우리는 홍해로 향했다. 모세가 건넜던 홍해를 경험하게 해주겠다며 다이빙 자격증 보유자인 나는 스킨스쿠버 장비를 척척 메고서 홍해로 뛰어 들었다. 이어 제자들이 입수 했고 우리는 그렇게 유유히 홍해 바다를 여행하였다. 프로 강사 하나가 우리 관리자로 함께 다이빙했기 때문에 초심자인 제자들도 무리는 없었다.

나는 가끔 뒤를 돌아보며 작은 열대어와 아리따운 산호초와는 사뭇 어울리지 않는 선머슴 같은 제자들을 살폈다.

다이빙 중에 문제가 생겼다. 수경에 물이 들어오기 시작한 것이다. 다이버들은 수중에서 수경의 물을 빼내는 훈련을 받는데, 훈련 한대로 아무리 물을 빼내려고 노력해도 물이 빠지지 않았다. 수경 자체에 균열이 있다는 생각이 들었다. 나는 관리자에게 다가가 수경을 가리키며 문제가 있다는 수신호를 보냈다. 관리자는 내 수경을 확인하더니 잠시 기다리라는 수신소를 하고서, 같이 수면으로 올라가야 한다는 정보를 주기 위해 제자들에게 다가갔다. 함께 다이빙 하는 사람을 '버디'라고 하는데 수중에서는 '버디'들과 함께 움직여야 했기 때문이다. 망망대해의 조난을 방지하는 규칙인 것이다.

관리자가 제자들에게 유유히 자리를 옮기는 사이 수경에는 더 빠르게 물이 차기 시작했다. 바닷물이 들어오며 눈을 따갑게 했고, 난 강박적으로 물 빼는 동작을 해대기 시작했다. 결국 호흡에 균열이 가더니 그놈이 찾아왔다.

두려움.

'얼마나 버틸 수 있을까?' 고개를 들어 수면을 바라보았다. 너무 너무 멀어 보였다. 버디들과 떨어져서 단독 행동은 금지였지만 '안 되겠다. 먼저 올라가야지.' 눈을 질끈 감고 수면을 향하여 오리발을 힘껏 걷어찼다. 바로 그 때였다.

버디들의 이탈을 지켜야했던 관리자가 내 발목을 잡아끌었다. 나는 깊은 수면으로 다시 곤두박칠 치는 느낌이 들었고 산소 호흡기를 문체로 "음~!!!! 음~!!!" 답답한 비명을 질러대며 발버둥 쳤다. 말로만 듣던 수중 패닉이었다. 난 그렇게 난생 처음 경험하는 수중 패닉에서 관리자의 머리와 어깨에 거세게 발길질을 해대며 수면위로 올랐다.

그 두려움은 거짓이었다. 내가 패닉에 빠진 것은 수중 2m에 불과했다. 전혀 깊은 수중이 아니었다. 당시 내 다이빙 자격은 수중 18m까지 훈련한 자격이었지만 두려움은 나를 속였다. 두려움은 훈련된 내 다이빙 기술을 허망하게 했고 이 아름다운 바다가 나를 죽이려 한다고 거짓부렁을 해대었다.

다시 보트에 올라와 실패감에 젖어 담요를 두르고 호흡을 다듬어 보았지만 쉽게 진정 되지가 않았다. 홍해 앞에서 길이 막힌 이스라엘 민족이 애굽에나 있을 것을 출애굽 길에 올랐다고 떠들던, 딱 그런 생각이 반복적으로 들었다.

'괜히 왔나보다 집에 있었으면 이런 일도 없었을 텐데.'

찾아든 두려움은 내게 후회를 먹이고 있었다.

그런 내게 제자 하나가 손에 불그스름한 무엇을 들고 다가왔다.

"형님, 이것 좀 드세요."

내가 핀잔했던 그 컵라면이었다. 뭐 하러 이런 걸 챙기냐며 나무랐던 한국의 맛이 감도니 부끄럽게도 서서히 안정이 찾아왔다. 라면을 홀짝이며 안정을 찾고 홍해를 바라보자니 출애굽 당시 이 바다를 건너야 했던 이스라엘 민족의 마음이 다가와 이해가 되었다. 그들이 느낀 두려움은 모세와 하나님을 원망하라고 부축이며 차라리 애굽에서 종살이 할 때가 좋았음이라고 거짓부렁을 뱉어대었다. 우리를 사랑하시는 하나님의 섭리 앞에 속이는 영의 행보는 흩날리는 재와 같이 허무할 뿐이다.

시편 119편을 살펴보면 하나님의 율례가 가져다주는 약속과 은혜에 대해 노래하고 있다. 그 율례를 떠나라고 속이는 적들의 공격은 허무함에 지나지 않는다는 것을 밝히는 118절을 살펴보자.

> 주의 율례들에서 떠나는 자는 주께서 다 멸시하셨으니 그들의
> 속임수는 허무함이니이다 _시편 119편 118절

적들은 우리를 속이려 든다. 그러나 우리는 주의 율례를 따라 그 속임수를 피해야 할 것이다. 우리 그리스도인에게는 모든 율례의 완성(마 5:17)이신 예수그리스도가 진정한 율례이다. 예수그리스도를 사모함으로 허망한 두려움에 속지 아니하고 주님 말씀하신 홍해를 건너 열방으로 향하자. 두려움은 이스라엘의 직진을 방해 했지만, 주님은 홍해를 여시고 당신의 백성들을 구원하셨다. 이스라엘은 그렇게 홍해를 건너 열방에 하나님을 전하는 민족으로서의 첫 발을 내딛었다.

우리가 예수그리스도의 율례로 무장하여 열방으로 나아가 복음을 전하고자 할 때 적들은 재정, 건강, 나의 부족함을 소재로 각종 속임을 시전한다. 그리하여 우리의 삶이 복음을 모르는 곳으로 나아가기 보다는 자기 자신만을 위한 삶을 살도록 삶을 허망하게 만들고자 한다. 그러나 이제 우리를 엄습하는 두려움에 선포하자. 나는 하늘의 율례이신 예수그리스도의 자녀로서 두려움에 속지 아니하고 열방을 향해 나아가겠노라고 말이다.

열방기도

　　두려움의 속임을 이길 수 있는 유일하신 나의 율례시여, 내가 주의 뜻 가운데 살기를 원합니다. 주여 나의 삶이 열방을 향할수록 적들은 나를 속이려 합니다. 내가 자라서 무엇이 되든지 간에 나의 직업으로 인하여 열방 가운데 주님의 선하심이 드러나기를 원했지만, 지금의 나는 당신과 상관없이 나를 드러내고만 있음을 고백하니 용서하여 주소서. 재정과 건강 그리고 얽히고설킨 관계들이 두려워 점점 당신과 관련 없는 허망한 삶을 걸어가고 있습니다. 두려움에 속지 아니하고 다시 한 영혼을 바라보게 하시고 그가 나의 열방임을 깨닫게 하소서. 나의 학교가, 나의 직장이 그리고 예수 모르는 나의 이웃이 나의 열방임을 알게 하시며 "멈추라"고 소리치는 현실의 두려움에 속지 않고 복음을 전하기 위하여 정진할 수 있도록 허락하여 주시옵소서. 이 기도는 나를 통하여 열방에 자신을 나타내기를 원하시는 예수그리스도의 이름으로 기도합니다. 아멘.

내가 당신의 성지가 되게 하소서

in 이스라엘

마태복음 16장 18절
또 내가 네게 이르노니 너는 베드로라 내가 이 반석 위에 내 교회를 세우리니
음부의 권세가 이기지 못하리라

예수님께서 십자가를 지고 가시다가 처음 넘어지신 장소를 '십자가의 길' 제 3지점 이라고 부른다. 이어 슬픈 얼굴의 어머니 마리아를 마주친 곳을 제 4지점 이라고 한다. 이 두 지점 근처에 가톨릭은 수도원 하나를 지었는데, 현재는 가난한 배낭 여행객들에게 개방되어 예루살렘 구시가지의 도미토리로도 쓰이고 있다. 내가 예루살렘에 머무는 동안 사용한 숙소도 이 도미토리였다.

숙소에서 멀지 않은 곳에 제 5지점이 있었는데 이곳은 구레네 시몬이 예수님의 십자가를 대신 지었던 지점이라고 한다. 이곳에는 특별한 유적이 하나 있었다. 예수님께서 손을 대셨던 벽의 부분을 구별하여 보존해 둔 것이다.

여행객들은 딱 손바닥 정도 크기 되는 이 구별된 벽면에 자신의 손을 포개어 기도하고자 기다란 줄을 서곤 했는데, 어떤 날에는 내가 머물던 숙소 앞까지 기다란 줄이 이어질 정도였다.

어떤 사람들은 이 유적에 손을 대고 기도하면 더 잘 이루어진다고 믿는다고 한다. 이 예수님 손자국을 포함하여 '십자가의 길'에 놓인 유적들은 각색이 더해졌는지 아닌지에 대한 의문이 심심치 않게 제기되고 있다.

우리가 성탄절로 알고 있는 12월 25일도 실은 예수님과 태양신을 동시에 섬기던 콘스탄티누스 대제가 태양신 경축일을 대체시킨 날짜임을 상기해 보면, 기독교 유적의 어떤 부분은 지나치게 각색되었다는 말도 일리가 있어 보인다.

하지만 그 유적에 각색을 더 했다고 해도 이것이 우리의 십자가 사건 묵상을 더 깊이 있게 돕는 것만은 사실이다. 반대로 이 유적이 더 없이 순수한 진짜라고 해도 예수님의 손을 따라 제자의 삶을 사는 것도 아니면서, 말씀과 상관없는 관광객의 행색으로 나타나 벽면에 손을 대는 것으로 신적 능력이 임한다는 믿음은 어쩐지 샤머니즘적이다.

나는 이 지역 성지 유적의 권위를 신뢰한다. 그러나 믿음으로 구원에 이르며 교회는 건물이 아니요, 복음을 품은 내가 바로 교회라 외치는 이 개신교인의 눈에, 샤머니즘은 영 석연치 않았다. 예루살렘에는 개신교뿐만 아니라 수많은 종파의 그리스도인들이 맹렬히도 오간다.

'십자가의 길' 일대에는 예수님께서 십자가를 지시기 전에 계셨다는 지하 감옥 등 여러 성지가 남아 있고 그 각각의 지점마다 각종 종파가 앞다투어 기념교회를 세웠다. 채찍을 맞으신 곳에는 '채찍교회'가, 못 박도록 선고 받으신 곳에는 '선고교회'가, 예수님의 시신이 안장되었던 지점이라는 곳에는 '성묘교회'가 세워져 관광객들의 이해를 돕고 은혜를 더하고 있다.

예수님의 흔적이 남은 예루살렘 성지를 돌아보면서 내가 마음에 다진 것은, 결국 나에게 가장 중요한 성지는 '나'라는 사실이었다. 나는 말씀이 살아 움직여 역사하신 흔적이다. 칠흑같은 삶 가운데 홀로 서 있을 때, 소망 없던 내게 찾아오셔서 여전히 거하고 계시는 주님의 자리인 내 믿음이 바로 '성지'임을 곱씹지 못한다면, 예루살렘을 떠나는 그 즉시 은혜도 사그라질 것만 같았다.

하루는 차를 렌트하여 갈릴리로 달렸다. 널따랗게 펼쳐진 고속도로를 달리면서, 예수님과 제자들이 갈릴리와 예루살렘을 오가며 보았을 풍경을 나도 보고 있다고 생각하니 왠지 복받쳐 오르기도 했다. 라디오에서는 익숙하지 않은 히브리어가 들려 왔다. '샬롬' 말고는 알아듣지 못하는 어지러운 타국어도 나를 환영하시는 주님의 인사처럼 느껴졌다.

한참을 달리는데 내비게이션에 익숙한 단어가 눈에 띄었다. '나세렛'이었다. 이어 우회전을 하면 나사렛이라는 이정표가 나왔고 나는 두 번 생각할 것도 없이 우회전으로 진입하여 예수님의 홈타운 나사렛으로 들어갔다.

나사렛은 계획 없이 찾은 곳이라 많은 시간을 보내지는 못했지만 '수태고지 교회'가 인상적이었다. 교회의 지하에는 2000년 전 마리아가 예수의 잉태를 고지 받았다는 집터가 보존되어 있었다.

지상 정원에는 천사의 고지를 듣고 있는 마리아 동상이 있었다. 가슴 위로 모아 올린 두 손과 천사를 바라보는 마리아의 두려운 시선은 내게 이렇게 말하는 것 같았다.

'너도 나와 같이 두려운 마음으로 주의 임재를 받아 겸손히 순종하라.'

나사렛을 둘러본 후에 다시 갈릴리 호수로 핸들을 돌렸다. 얼마나 달렸을까? 멀리 갈릴리 호수가 보였고 창문을 열자 바닷바람이 다가와 인사를 던져 넣었다. 갈릴리에도 기념교회들이 참 많았는데 나는 먼저 '오병이어 기념 교회'라는 곳을 둘러보게 되었다.

이곳은 오병이어를 나타내는 바다 장식이 발굴된 터 위에 기념교회를 세운 것이었다. 사실 오병이어 당시의 와일드함이라고는 찾아 볼 수 없는 단정하고 단아한 디자인의 교회였다. 하지만 교회를 나와 주변을 살펴보니 오병이어 사건의 현장을 느낄 수 있게 하는 넓은 언덕들이 많았다. 성경의 말씀처럼 수많은 사람들이 앉아서 예수님의 이야기를 들으며 떡을 떼었을 언덕 말이다.

나는 언덕에 올라 갈릴리 호수의 바닷바람을 맞고 서 있었다. 끊임없이 불어 대는 바람이 귀에 부딪혀 내는 '쉬~ 쉬~~' 거친 소리를 들으며 갈릴리 호수를 바라보았다.

'아, 예수님은 이 풍경을 보았겠구나. 어릴 적부터 이 풍경을 보고 자라신거야. 오병이어 때도 여기 이렇게 서 계시지 않았을까? 음······. 이 넓은 잔디에 사람들이 모여 있었겠구나.'

나는 마치 오병이어 사건의 한 장면 속에 들어 와 있는듯하여 나도 모르게 두 손을 높이 들고서 '주여, 내 영의 마음을 오병이어와 같은 큰 은혜로 채우소서!'하고 기도를 해버렸다.

잔디에 누워 눈을 감으니 저 언덕 위에서 먹는 것만 봐도 배부르신 예수님과 부지런히 도시락을 나누어 주는 제자들이 그려졌다. 조금 기다리면 베드로가 내게도 도시락을 가져다 줄 것만 같았다.

오병이어 기념 교회 근처에는 '그리스도의 식탁'이라는 성지가 있었는데 이는 부활하신 예수님이 베드로와 제자들 사이에서 물고기를 구워 주셨다(요 21:13)는 커다란 바위다.

성스러워 보이는 구조물들을 덧대어 꾸며 놓은 바위를 보자니 이런 생각이 들었다. '역시 바위가 성지라기보다는 "내가 주님을 사랑하는 줄 주님께서 아시나이다"라고 말한 베드로의 고백(요 21:17)이 성지가 아닐까.'

진정 고백꾼이었던 베드로의 신앙고백 명장면 하나를 살펴보자.

하루는 제자들에게 예수님께서 물으신다. "너희는 나를 누구라 하느냐?" 베드로는 대답한다. "그리스도시오. 살아 계신 하나님의 아들이십니다." 이어 예수님께서는 "이 반석 위에 교회를 세우겠다."라고 선포하신다.

마가복음 16장에 나타나는 이 명장면은 베드로가 아니라 그의 신앙고백이 반석임을 증언하고 있는 것이다. 베드로의 믿음이 곧, 음부의 권세가 쓰러뜨리지 못하는 교회의 반석이라고 말씀하신다(마16:18). 이 말씀을 받들어 우리는 건물이 아니라 믿음을 고백하는 성도가 곧 교회라고 말하는 것이다.

이스라엘에는 지난날의 흔적을 기념하는 교회가 무척 많았다. 하지만 나는야 믿음의 고백으로 인하여 주의 임재가 여전히 일어나는 교회다. 그러니 나를 만나는 이들은 관광객 행색으로 다가와서는 기념할 거리를 보는 것이 아니라 지금 내게 거하시는 주님의 모습을 보는 것이다. 그리스도인은 하늘나라의 외교관이다. 세상이 우리를 보고 주님의 나라를 들여다 볼 수 있는 바, 우리는 모두 살아 있는 성지이다.

우리가 어디로 나아가든지, 믿음의 고백을 가진 자들은 살아가는 것 자체가 걸어 다니는 교회요 성지의 삶이라고 할 것이다. 주님은 우리를 통해 열방 속에서 자신을 나타내기를 바라신다. 우리를 통해 복음을 모르는 누군가에게 자신을 드러내기를 바라고 계신다. 할렐루야, 미쁘신 나의 주님은 나라는 성지를 통하여 주님의 일하심을 열방에 나타내기를 원하고 계신다.

주여, 살아가며 주님의 표적을 구할 때가 있었습니다. 그러나 오늘에야 알게 된 것은 주님 일하신 내가 바로 주님의 표적이라는 사실입니다. 열방이 나라는 표적을 보고 당신의 나라를 알게 될 것임을 선포합니다. 다른 사람들의 간증을 듣고 그의 신앙을 부러운 눈으로 바라보곤 했지만 내가 바로 주님의 향기를 열방에 뿌리는 주님의 교회라는 사실을 알게 되었습니다. 주여 내 고백으로 인해 나타나는 믿음의 향기를 기쁘게 받아 주시기를 원합니다. 깨닫게 하시는 주여 감사합니다. 이제는 나로 인해 열방이 주님을 더욱 깨달아 세상이 믿음의 향기로 가득하기를 소망합니다. 주여 내가 누구를 만나든지 나로 그에게 주님을 알 수 있는 성지가 되도록 하소서. 예수그리스도의 대속이 이루어진 이 내 육과 영이, 주님 살아 계심의 증거가 되게 하소서. 이 기도는 내게 오셔서 역사하시는 예수그리스도의 이름으로 기도합니다. 아멘.

진짜 평안을 살게 하소서

in 캐나다

요한복음 14장 27절
평안을 너희에게 끼치노니 곧 나의 평안을 너희에게 주노라 내가 너희에게 주
는 것은 세상이 주는 것과 같지 아니하니라 너희는 마음에 근심하지도 말고 두
려워하지도 말라

캐나다의 한 한인교회 청소년부에서 설교 요청이 있어 밴쿠버에 들렀던 일이 있었다. 사실 내가 설교 한 번으로 태평양을 가로지를 위인은 아니다. 그런 헌신이라면 배우고 싶은 사람이라고만 해두자. 애초에 미국 시애틀에서 몇 차례의 강의가 있었기 때문에 멀지 않은 구간인 캐나다 밴쿠버로의 이동은 어려운 일정이 아니었다.

또한 밴쿠버는 나의 사부가 사는 도시이기도 했다. 학부에서 '사진예술'을 전공했는데 당시 다니던 사진입시 학원의 원장님이 계시는 곳이 바로 밴쿠버다. 그러니 설교도 하고 사부님도 뵙고 이래저래 반갑고 즐거운 일정이 아닐 수 없었다.

사부님께 뵙자고 연락을 드린 후에 버스로 밴쿠버까지 이동을 하는데 입시사진을 공부하던 고등학교 시절의 기억이 스믈스믈 피어올랐다. 당시의 나는 저널리즘에 흠뻑 취해 있었다. '보이는 것이 다가 아니다.'를 느끼게 해주는 것이 저널리즘의 매력이다. 예를 들어 웃고 있는 삐에로 아저씨의 웃을 수 없는 단칸방 삶이라거나 시장에서 시금치를 파는 거친 손의 어머니가 키워낸 장성한 변호사 아들의 사진처럼 말이다. 보이는 것 이면에 감추인 이야기를 끄집어내는 것이 저널리즘이라고 사부에게 배웠다.

고등학교 시절 내 몸에서는 언제나 현상액 냄새가 났다. 디지털 기반의 사진술이 발달하기 이전이기 때문에 당연히 입시는 필름 사진으로 치러야 했고 당시 내 입시작품은 '사물놀이'였다. 더 정확히 말하면 '사물놀이를 하는 젊은이들'이라고 해야 할 것이다. 당시에도 힙합음악을 하던 내게 사물놀이는 왠지 지루한 종류라고 느껴졌다. 그랬기 때문에 또래의 사람들이 사물놀이를 열정적으로 연주하며 기뻐하는 모습은 이색적이었다. '요즘' 옷을 입은 젊은이들의 이면에 담긴 '전통'을 향한 열정과 향연이 내 사진의 주제였던 것이다. 나는 우리 것을 이어가려는 젊은이들의 땀과 노력을 감동적으로 담아내고 싶었다.

그렇게 사람 냄새 나는 곳을 찾아다니며 사진을 찍고 필름을 현상하고 또 사진을 인화하면서 인간의 완벽하지 않음이 결국 인간의 아름다움 이라는 사실을 배우던 시절이었다.

교복차림의 나는 앞치마를 하고서 붉은 방에 들어간다. 확대기라는 기계에 필름을 넣고 인화지에 빛을 투영하고는 인화지를 현상액에 담그면 내가 찍었던 장면이 종이 위에서 서서히 모습을 드러낸다. 어떤 날에는 그 붉은 방에서 사부에게 혼이 나기도 했다. 사실 호랑이 선생님이셨다. 현상 시간을 어기거나 약물의 농도를 규칙에 어긋나게 배합하면 여지없이 꾸중을 들었다.

밴쿠버의 버스정류장에 도착하니 내게 저널리즘을 가리켜 주신 호랑이 선생님이 이제는 머리가 희끗해서 온화하게 웃으며 서 계셨다. 우리는 서로가 그리스도인이 되었음에 기쁘고 감사한 악수를 나누었다. 밴쿠버 일정동안 나는 사부님과 밀린 이야기도 나누고 설교도 다니고 귀한 시간을 보냈다.

캐나다 밴쿠버는 정말이지 '세계에서 가장 살기 좋은 도시'라는 수식어가 아깝지 않은 곳이었다. 모든 것이 풍족하고 안락한 느낌이었다. 차가 다니는 많은 경우의 길들은 대부분 가로수길이라고 해도 과언이 아닐 조경이 되어 있었는데 이 나무들은 내가 한국에서 보던 종류의 나무가 아니었고 커도 너무 큰 나무들이었다. 그렇다 보니 상대적으로 자동차가 무척 작아 보였는데 자연은 크고 인간은 작아 보이는 이 풍경이 묘한 안도감을 자아냈다.

그래서인지 밴쿠버 사람들은 크락션을 누르지 않았다. 한번은 내가 타고 있던 택시의 앞에 서있던 차가 녹색 신호로 바뀌었는데도 출발을 하지 않는 것이었다. 난 이상하지 않냐는 듯 택시 기사의 얼굴을 쳐다보았다. 그랬더니 택시기사는 되레 "뭐 도와줘요?"하고 물어 보는 것이다. 정말 신기했건 것은 그래서 결국 신호가 다시 붉은 색으로 바뀌었는데도 내가 탄 택시를 포함해서 택시 뒤로 줄지은 차들 중 아무도 크락션을 누르지 않았다는 것이다. 물론 반대의 경우도 있을 수 있겠지만 나로서는 참 신선한 경험이었다.

도심에는 역시 걸인들이 있었다. 그런데 이 홈리스들을 진짜 홈리스라고 해야 할지 아니면 길을 집으로 삼은 거주민이라고 해야 할지 조금 난해했다. 길바닥에 자리를 깔고 앉아 들개의 머리를 쓰다듬고 있다가 누군가 동전이라도 쥐어 주면 영화배우 같은 미소를 지으며 멋들어진 중저음으로 '땡큐. 갓 블레스 유.'를 날려 주었다. 이게 그러니까 걸인인지 서비스맨인지 알 수 없었다.

대부분의 차고에는 먹을 것이 가득했고 심지어 그 차고를 그냥 열어 둔 곳도 많았다. 한번은 교회 사람들과 식사를 하러 갔는데 식사가 끝날 즈음이 되자 점원이 다가와서 자신이 서비스를 잘한 것 같은데 팁을 달라고 했다. 난 순간적으로 무례하다고 느꼈는데 내 일행들은 안 그래도 네가 안 나타나면 어떻게 줘야하나 고민이었다며 팁을 쥐어 주었다. 받는 사람은 당당하고 주는 사람은 감사한 진짜 팁 문화가 밴쿠버에는 있었다.

물론 여행객의 행색으로 1주일여를 머물러 놓고서 밴쿠버에 단점이 없다고 하면 이상한 일이겠지만 적어도 여행객의 행색으로 1주일간 들여다 본 밴쿠버는 내게 부족할 것이 없는 아름다운 곳이었다. 풍경도 풍경이지만 사람과 사람 사이의 모나지 않은 관계들이 그렇게 보였다.

지내는 동안 큰 소리를 내거나 인상 쓰는 사람들을 본 기억도 없는 것 같다. 밴쿠버를 좋지 못한 기억으로 물들인 분들도 물론 있을 것이고 거주민들에게는 또 많은 문제가 있겠지만 내 눈에 비친 밴쿠버는 정말 그 광고 문구가 현실이었다.

'세계에서 가장 살기 좋은 도시 밴쿠버'

사부의 집에서 하루 머물렀던 그 밤에 난 생각해 보았다. 만일 내가 이곳 밴쿠버에서 사부를 만나 사진 입시를 했다면 무엇을 찍었을까? 인간의 모자람 속에 피어나는 아름다움을 찍고자 했던 나는 아마 찍을 것이 없지 않았을까? 이 아름답고 풍성한 도시에서 과연 인간의 모자람에 대해서 무엇을 찍을 수 있단 말인가. 길에 자리 잡은 걸인들도 행복한 이 도시에서 내 카메라는 열정을 잃었을지도 모르겠다고 생각하다가 잠이 들었다. 다음날은 주일이었고 이제 한인교회 청소년부 설교를 해야 했기 때문에 휴식에 들었다.

청소년부실에 처음 들어갔을 때의 느낌은 역시 '풍요'였다. 엇나가고 있는 아이가 없어 보였고 이 풍성한 지역에서 엇나갈 이유가 없었을 것이라는 생각도 들었다. 그러니 설교도 당연히 원만히 마무리가 될 수밖에 없었다. 그런데 그게 뭐랄까? 청중 중 누군가 어둠에 사로잡혀 있기 때문에 그 어둠을 박살내고 빛을 보게 하는 일종의 한국형 타격감 좋은 설교는 아니었다.

그저 모두가 예수를 믿는, 믿고 아니고의 고민을 할 이유가 없는 그런 아이들이었던 것 같다(물론 깊이 들여다보면 각자의 문제가 있겠지만). 부자들은 자신이 부자인지 모르고 산다고 하던데 이들도 자신들이 풍요한 것을 모르고 풍요한 것 같았다. 설교가 끝나고 담당 전도사님과 식사 시간을 가지게 되었는데 밴쿠버에서 전도자로 살기에 대한 어려움을 나누어 주셨다.

"어려워요. 복음이 없어도 살 사람들 같거든요."

나는 이 말을 듣자마자 이해가 되었다. 천국 같은 곳에 살면서 천국을 어떻게 바랄 수 있을까? 애초에 삶이 선해 보이는데 복음으로 다시 깨어지라는 말 자체가 어불성설일 수 있겠다. 우리 모두가 알다시피 서방세계도 이제는 그리스도인임을 고백하는 사람들이 많지 않아서 전도가 필요한 상황이다. 하지만 이곳 밴쿠버에서는 전도가 필요한 사람들에게 "예수님 믿고 행복을 누리세요."라고 말하면 "이미 행복해요."라는 피드백을 듣게 되는 것이다.

그랬다. 이 땅에서의 안락과 평안은 하나님을 잘 보지 못하게 만들 수도 있겠구나.

눈에 보이는 평안은 영원히 사라지지 않는 진짜 평안일까? 우리 인간이 만든 풍요와 평안은 결국 주님을 더욱 가리는 역할을 하는지도 모르겠다. 하지만 반대로 많은 경우 삶이 지옥 같아도 그 안에서 절박함으로 주를 바라며 영원한 평안을 얻어 천국을 누비는 성도들도 있지 않던가? 이는 단지 현실 세계의 증언이 아니라 성경 당시의 증언이기도 하다.

주님은 우리에게 분명 사라지는 땅의 평안이 아니라 영원한 평안을 주고자 하신다. 우리 인간이 만든 세상의 평안과는 다른 진짜 평안 말이다.

오늘 본문 말씀(요14:27)에 보면 예수께서는 '나의 평안'을 주고자 하시는데 헬라어로 평안은 '에이레네'이다. 이는 축자적으로 '함께' 혹은 '하나 됨'이라는 의미를 갖는다. 예수님께서 자신의 평안을 주고자 하신다. 예수님은 자신이 소유한 '하나 됨'을 우리에게 주고자 하시는데 그렇다면 예수님은 누구와 하나가 되시는 분인가? 그렇다. 하나님이시다.

복음을 믿는 자에게는 영원하신 하나님과 하나가 되는 영원한 평안을 주고 싶어 하시는 것이다. 제 아무리 이 땅에서의 평안이 근사해도 영원한 것은 아니다. 영원히 목마르지 아니하는 진짜 평안은 눈으로 볼 수 없을지 모른다. 우리는 이 땅에서 눈에 보이는 평안을 추구할 수 있지만 그 보다 먼저는 예수님께서 주고자 하시는 하나님과의 일치를 바랄 줄 알아야 하겠다.

우리가 이 열방을 살아가는 동안 육적 평안과 눈에 안락한 평안들은 우리를 안주하도록 호릴 것이다. 그러나 우리는 그 안락에 기대어 하나님과의 만남을 저버릴 수 있다는 위험성을 기억하고 주님과의 일치를 꿈꾸는 성도로서 이 열방을 살아가야 한다.

선교지, 즉 우리의 열방은 아프리카만이 아니라 육의 평안이 팽배하여 하나님을 잘 볼 수 없는 캐나다 밴쿠버일 수도 있다는 깨달음을 준 귀한 일정이었다.

　　주님, 눈에 보이는 평안을 쫓아 주를 멀리하려 했던 나를 용서하소서. 육적인 평안에 머무르지 아니하고 절박하게 주님을 찾을 것입니다. 내가 어떤 상황 가운데 있든지 먼저 주님을 바라고 주께서 주고자 하시는 하나님과의 일치를 기뻐하며 살아갈 수 있도록 주여 축복하여 주소서. 열방을 살아갑니다. 어떤 경우에는 안락한 상황일 것이고 어떤 경우는 반대일 수도 있겠지만 상황에 따라 주님을 바라보는 것이 아니라 기쁘나 슬프나, 족하나 굶주리나 주께서 주시는 평안 안에 자유할 수 있기를 원합니다. 주님 보내시는 열방 어디에서나 주님과의 일치를 기억하며 살기를 원하오며 이 기도는 하나님과의 일치를 주시는 예수그리스도의 이름으로 기도합니다. 아멘.

무릎으로 길을 알게 하소서

in 두바이

사도행전 16장 10절
바울이 그 환상을 보았을 때 우리가 곧 마게도냐로 떠나기를 힘쓰니 이는 하나
님이 저 사람들에게 복음을 전하라고 우리를 부르신 줄로 인정함이러라

새벽 1시였다. 이제는 좀 더위가 누그러졌을까 우리 일행은 숙소 밖으로 나가 보았다. 날씨가 길을 잃었던지 여전히 36도였다. 새벽 1시에 말이다.

'어디로 가지?'

이 새벽에 에어컨을 찾아 백화점을 갈 수도 없고 식당들도 다 문을 닫았다. 일행의 발은 갈 길을 모르고 오리무중 똥마려운 강아지처럼 호텔 입구를 뱅그르르 돌다가 이내 방으로 들어와 버렸다.

냉수 마시고 하릴없이 농담이나 따다가 잠을 청하려는데 가만 걱정이 되었다. 자고 일어나면 사막투어를 하는 날인데, 지금 이 더위에 도대체 투어라는 걸 할 수는 있는 걸까? 그것도 사막을? 하긴 차량 이동은 에어컨이 있을 것이고 사막에는 그늘만 치면 시원하다고 하니까!

몇 시간의 단잠을 자고 일어나서 걱정되는 마음에 구글에 또박 또박 적었다. '두바이 날씨' 43도였다. 일정을 리드하고 있었던 나는 일행들에게 땀이 많이 날 것이니 갈아 신을 양말과 속옷을 챙기라고 했다. 그리곤 호텔 문밖을 나가는 순간, 나가는 것이 곧 찜질방 속으로 들어가는 것과 다르지 않음을 직감했다.

투어 일정은 다음과 같았다.

먼저 호텔에서 멀지 않은 약속 장소에 가면 봉고차가 대기 중인데, 우리 일행과 또 다른 일행들이 그곳에 모여 한 차로 사막 입구에 간다. 그 후 봉고차를 내려서 4인씩 짝을 지어 지프 차를 타고 사막을 달려 광활한 사막 한 중간의 캠프에 도착한다. 그 캠프에서 사막살이 배두인들의 전통 공연을 보며 식사를 하고 돌아오는 것이다.

오전 8시, 우리의 사막투어 일정인지 찜질방 일정인지가 시작되었다. 미리 받아 둔 주소로 내비게이션 앱을 켜니 걸어도 되는 거리였다. 10분 남짓의 약속된 장소에 도착했을 때 이미 다들 땀에 절어 속옷을 갈아입어야 할 판이었다. 그런데 약속한 봉고차는 보이지 않았고 투어 매니저에게 전화를 걸었더니 잘 알아들을 수 없는 아랍인의 영어는 정말 충격적이었다.

"아, 주소 잘못 줬네."

다시 받은 주소는 또 10분 정도 걸으면 되는 거리였고 우리는 5명이었기 때문에 택시를 나눠 타기도 애매하고 그래서 한 번 더 걷기로 했다. 그 10여 분의 길을 거닐자니 아직 사막은 가지도 않았는데 이미 사막이었다. 코리안 장정 다섯은 단 3분 만에 퍼져서 물을 들이켜야 했다. 나는 물을 마시기 위해 인도와 차도를 구분하는 가드레일을 잠시 잡았는데, "앗 뜨거!!!!" 소리를 지르고 말았다. 그렇게 육두문자 나오도록 끈적한 거리를 지나 약속 장소에 도착했다.

투어 매니저와 봉고차는 여전히 보이지 않았다. 이번에는 내가 내비게이션에 주소를 잘못 입력한 것이었다. 이때부터 판단력이 흐려졌다. 에어컨을 찾아 전철을 탔다가 또 행선지를 잘못 읽고 엄한 곳에 내리는 등 우여곡절을 세게 치르고서 우리는 약속 시간에 1시간이나 늦게 도착했다.

봉고 안에는 성격 좋은 인도인들이 우리를 기다리고 있었다. "암쏘리 암쏘리."를 연발하며 자리를 잡고 앉았을 때 인도인들은 땀에 젖은 우리를 보고 입을 다물지 못했다. 이게 그러니까 찜질방이 아니라 아예 탕에 들어갔다 나온 것처럼 겉옷까지 다 젖어 있었다. 그렇게 길을 잃었던 우리는 비 구경하기 어렵다는 두바이에서 비에 젖은 생쥐 꼴로 사막을 향했다.

사막 입구에 도착해서 삼삼오오 짝을 나누어 정해진 지프를 타고 사막을 달리기 시작했다. 45도 이상을 굽이치는 사막길을 꿀렁이며 차는 뒤집어질랑 말랑 잘도 달렸다. 우리는 차가 뒤집어질 거라며 고래고래 고함을 질러대었지만 운전자는 그런 우리가 재미가 있었는지 더욱 핸들을 힘차게 꺾어대며 길이 아닌 길들로 달렸다.

너무 당연한 이야기지만 사막에는 정해진 길이 없었다. 이곳에서 나고 자란 운전자들이야 저 멀리 선인장이나 그림자의 움직임을 보고 길을 찾아가겠지만 초행자들을 여기 사막 어디에 덩그러니 내려놓으면 필경 죽게 될 것이었다. 만일 사막에서 길을 잃었을 때 누군가의 먼저 간 발자국을 발견한다 해도 그 발자국이 걸어간 길이 옳은 길인지는 알 방도가 없으니 쉬이 따라가지도 못할 것이다. 영화에서나 보던 사막에서 길을 잃는 이야기는 이렇게나 말이 되는 것이었구나. 그리고 보면 우리의 삶도 참 사막과 같은 것이다. 수많은 길들이 놓여 있지만, 누군가 먼저 걸은 길이 눈에 보이지만 그게 옳은 길인지는 사실 알 수 없다. 모든 길이 초행길이요 모든 하루가 오늘 처음 걸어 보는 하루인 우리네 삶이 사막과 닮아 있었다.

최종 목적지인 사막 캠프에 도착하니 제법 배두인들의 삶을 엿볼 수 있는 천막이며 낙타 그림들이 구성지게 디자인되어 있었다. 주차장에 차를 주차하듯 묶어 놓은 낙타들은 무릎을 꿇고 앉아 있었다. 낙타의 관절 특성상 앉아 있을 때는 반드시 무릎을 꿇어앉게 되는 것이었다. 아, 저래서 기도하는 무릎을 '낙타무릎'이라고 하는구나. 인상적인 낙타들의 그 무릎은 털이 다 빠져 민둥산인데다가 굳은살까지 배어있었다. 나는 한 동안 쭈그리고 앉아서 이 척박한 사막에서도 물 한 방울 없이 천리 길을 간다는 낙타의 무릎을 보고 있었다.

나도 그 무릎을 닮고 싶어라. 내 영혼아, 사막 같은 삶 중에 길을 잃으면 낙타처럼 꿇어앉아 길이신 주님을 바라자. 이생 중에 얻은 나침반은 모래 속에 묻어 버리고 빛이신 주님께서 보이시는 곳으로 나아가야겠다.

뉘엿뉘엿 해가 지고 우리는 자리를 잡고 앉아 배두인들의 전통 무용을 보았다. 어떤 춤은 그저 한자리를 뱅글 뱅글 또 뱅글 뱅글 다시 뱅글 뱅글 도는 춤이었다. 오늘 하루 온전히 길을 잃고 지냈던 내 눈에는 그 춤마저도 사막에서의 오리무중을 표현하는 것처럼 느껴졌다. 그러나 뒤를 돌아보면 낙타들은 여전히 낙타무릎으로 꿇어 앉아 평안히 여물을 먹고 있었다.

예수 믿는 자들을 찾아 죽이려고 다메섹으로 길을 나선 바울은 목적지에 거즌 당도하여 길을 잃었다. 대제사장에게 허락을 받고 출발했다고 했음으로 출발지는 예루살렘이었을 것이고 다메섹까지의 거리는 300km 정도의 거리였다. 지금도 지도를 보면 그 길은 푸른색이 없는 사막이다. 때문에 바울은 당시 장거리 사막 이동의 일반적인 교통수단인 낙타를 타고 있었을 것이다.

솟아오른 분노를 가지고 솟아오른 낙타 등에 앉아 다메섹이 희미하게 보일 즈음, 바울에게 큰 빛이 쏟아졌다. 그 빛으로 인해 눈이 멀어 낙타에서 낙마하여 사막을 뒹굴었으니, 빛을 잃었기로 길을 잃은 것이었다.

그제서야 그는 솟아 오른 낙타 등에서 내려 솟아 오른 분노를 땅에 묻고 예수그리스도를 향하여 낙타처럼 무릎을 꿇었다.

그는 마치 모든 길을 아는 사람처럼 율법의 지도를 펼쳐들고 인생을 배회했지만 결국 무릎이 나침반이라는 사실을 그때 알았다. 진정한 길을 알고자 명문대학을 거쳐 율법을 위시하는 열심당원이 되었지만 그것은 완성되지 못할 길이었음을 알게 되었다. 신약성경 곳곳에서 율법의 완성이신 예수그리스도를 만난 바울의 낙타무릎을 엿볼 수 있으니 한 구간을 살펴보자.

기도하는 낙타무릎의 사도 바울이 하루는 아시아에 복음을 전하고자 여행길에 오르는 중이었다. 기도의 환상 중에 주님께서 마게도냐 사람을 보여주심으로 바울은 이 환상을 하나님의 부르심으로 인정하고 마게도냐로 길을 틀어 버린다.

2000년 전의 행선지 변경이라는 것이 지금처럼 그저 비행기 표나 바꿔 버리면 되는 성질의 것이 아니었을 것이다. 나 역시 순회 선교사로서 국경을 오가는 사람이기에 바울의 의중이 느껴진다. 자신의 머리에 든 것을 따르지 아니하고 영혼에 임재하신 주님의 마음을 따랐던 그는, 하나님의 발보다 자신의 발이 앞서지 않기를 바랐을 것이다.

선교사의 가고 섬은 그런 것이리라. 갈 길을 잃은듯하지만 길 잃은 적 없는 삶. 뿌리내리고 정착하여 빌딩을 올리지 아니하나, 흩날리는 씨앗처럼 땅을 나뒹굴며 무릎으로 하나님의 나라를 넓히는 삶. 그것이 내가 바울에게서 배우는 낙타무릎의 삶이다.

열방기도

주님, 사는 동안 여러 번 길을 잃었습니다. 그때마다 내 머릿속에 지식이나 세상의 기준을 곱씹어 나름의 길을 내지만 그 길은 완전한 길이 아니었음을 고백합니다. 주님께 꿇은 무릎이 내 삶의 길을 가는 방법임을 알게 하여 주시기를 원합니다. 주님께서 주시는 길은 복음을 들고 나아갈 나의 열방임을 압니다. 나 혼자 안락을 누리는 삶이 아닌 복음으로 씨 뿌리는 전도자의 삶을 명령하시는 주여 내가 당신께서 명하시는 길로 갈 수 있도록 기도하는 성도가 먼저 되기를 원합니다. 내가 무엇이 되든 주여 복음을 씨 뿌리는 자로 열방을 살아갈 수 있도록 나의 길과 빛이 되어 주소서. 주여 나의 무릎이 열방으로 나를 보내시는 주님의 사명 길에 나침반이 되기를 원하오며, 이 기도는 나를 인도하시는 예수그리스도의 이름으로 기도합니다.

혼란 중에 고요하게 하소서

in 키르기스스탄

시편 131장 2절
실로 내가 내 영혼으로 고요하고 평온하게 하기를 젖 뗀 아이가 그의 어머니 품
에 있음 같게 하였나니 내 영혼이 젖 뗀 아이와 같도다

키르기스스탄의 수도 비슈케크를 떠올려 보면 쪼개진 조각의 보도블록과 그 사이로 무자비하게 튀어대는 흙탕물이 기억난다.

내가 비슈케크에 도착했을 때는 며칠 간 비가 온 후였고 하늘은 여전히 흐렸다. 사방과 팔방이 낡을 대로 낡았지만 돌볼 겨를이 없어 보이는 이 수도의 자동차들은 엔진오일을 갈지 않아 검정 연기를 폭발하듯 뿜어대고 있었다. 차량들은 라이트도 고장인 채로 보도블록을 철퍽 철퍽 눌러대었고 보도블록들은 아래로 모인 구정물을 으웩으웩하며 토해내는 것 같았다.

정말이지 어디라도 갈라치면 전쟁이 따로 없었다. 버스는 지정된 구간에 정차하기는커녕 나를 없는 사람 취급하기 일쑤였고, 택시를 잡자니 뭐가 택시고 대체 뭐가 일반 차량인지 알 길이 없었다. 알고 보니 이 동네는 영업 허가증이 없이도 누구나 택시 기사가 되는 기적의 동네였다. 누구든지 차를 세우고서 "어디로 가쇼?"하고 가격을 흥정하면 택시가 되는 시스템이었으니 차를 갖은 모두가 영업 중인 셈이었다. 이를 두고 이색적이라고 해야 할지 충격적이라고 해야 할지 모르겠지만 하여간 혼돈이었음은 확실하다.

해외 일정 중에 멘탈을 부여잡기 위해서 필요한 것은 필시 한식이다. 김치찌개 한 사발이 간절해지는 혼돈의 비슈케크에서 우리 일행은 숙소 근처의 한식집을 찾아갔다.

메뉴가 30종은 족히 되어 보이는 메뉴판을 두고 논란이 붉어졌다. 우리 일행 중에는 요식업계에서 주방 근무를 하는 아우가 있었는데, 그가 말하기를 주요 메뉴를 한두 가지만 전문적으로 하는 식당을 가야 좋다고 했다. 보통 이렇게 많은 메뉴를 다 맛있게 하는 것은 가능하지 않기 때문에, 재료의 수급도 어려운 비슈케크에서 이 정도 종류를 요리하려면 무엇을 주문해도 같은 조미료 맛인데 건더기만 다른 '휴게소'식 음식들이 나올 가능성이

크다는 것이었다.

하지만 우리는 너무 지쳐 있었고 그냥 고추장이라도 좀 퍼먹었으면 싶었기 때문에 요리 평론은 요식업 전문가나 하라고 놔두고 침을 꼴까닥 거리며 주문하기 시작했다. 메뉴가 30종이 넘었기 때문에 정말이지 혼돈스러운 제각각의 주문이 이어졌고 이윽고 하나하나 음식이 나오기 시작했다.

이 식당 이름이 경복궁이었는데 그럼 이 식당의 요리사는 대장금이렸다. 음식은 하나같이 모두 맛이 좋았고 한국 본토에서도 이 정도로 깊은 맛은 경험하기 힘든 정도였다. 어떻게 전라도 순천 할매집도 아니고 이 비슈케크에서 순대국과 청국장 그리고 매생이굴국밥을 먹을 수 있단 말인가?

우려와 달리 메뉴마다 비슷비슷한 맛은 어디에도 없었다. 우리는 한 상을 빠르게 먹어 치우고서 추가 주문까지 해서 먹었는데 모든 메뉴가 맛이 있었다. 비슈케크의 '경복궁'에게 '맛 없음'이라는 단어는 없었다. 영롱한 자태의 다양한 한식들이 상에 오를 때마다 우리는 점점 기쁨과 존경 그 어딘가에서 숙연해지고 있었다. 사실 처음에는 '얼마나 잘하나 보자!' 하는 마음으로 감독이라도 된 것 마냥 거드름을 피우며 주문을 했었다. 그런데 우리는 점점 먹이 기다리는 아기새가 되어 주방 쪽으로 고개를 기웃거리며 입속에는 우걱우걱 뭔가 먹고 있으면서도 먹고 싶어 하고 있었다.

우리의 대화 주제는 '이 혼돈스러운 비슈케크에서 이토록 정갈한 한식을 완벽하게 해내는 대장금은 대체 누굴까?' 하는 의문 빙자한 찬양의 방향으로 흐르고 있었다.

식탁의 음식들이 다시 모두 비워지고 우리들의 뱃통이 산만해질 즈음 상냥한 목소리의 대장금이 다가와 말을 걸었다. 우리는 대체 왜인지 전원 기립으로 일어나 대장금 이모에게 90도로 인사를 해버렸다. 왠지 먹이를 주는 어미새의 옥체를 만난 기분이었다.

"비슈케크는 뭐 하러 왔어요?"

당신의 한식을 먹으로 온 것 같기도 하고, 아니지 아니지 뭐라고 해야 할지 머뭇거리고 있는데, 키 160cm도 채 안 될 것 같은 그녀는 우리 장정들을 지그시 누르며 다시 상냥한 목소리로 말을 이었다. 게다가 은근히 반말이었다.

"알틴아라샨 가봐, 우리 식당에 현지인 기사도 있어요. 그거 타고 가 한국말도 한다니까. 여긴 너무 복잡하잖아 알틴아라샨 가봐 조용하고 좋지."

아, 인간도 동물이기에 먹이를 준 사람의 말을 고분고분 듣게 되는 것인지 아니면 이곳의 혼돈에 너무도 지쳤던 것인지, 우리는 너무나 자연스럽게 대장금 이모의 말을 따라서 다음 행선지를 결정하게 되었다.

다음날 아침 우리를 태우고 경복궁을 출발한 지프차는 오프로드 길을 오르고 올라 알틴아라샨에 도착하였다. 알틴아라샨은 중앙아시아를 가로지르는 천산산맥 해발 2,500m에 위치한 아름다운 계곡인데 '황금 계곡'이라는 뜻이었다.

귀한 황금은 이리도 감추어진 곳에 있어야 하는 것인지, 굽이굽이 도착한 알틴아라샨은 정말이지 눈시울이 붉어질 만큼 고요하고 평온한 곳이었다. 넓은 평지에 마시멜로를 던져 놓은 듯한 게르에서는 장작 때는 소리가 '타자작 타자작' 나고 있었다. 그뿐인가, 어찌나 고요한지 저기 멀리서 말이 풀을 뜯는 소리가 '아그적 아그적' 들리더니 내 머리 위로 흐르듯 스쳐 가는 이름 모를 새의 날갯짓 소리까지 선명히 들리는 곳이었다.

평원에는 푸른색 평온이 짙게 깔려 있었고 그 평온을 지키고자 언덕들은 요새처럼 솟아올라 있었다. 멀리서 보기에는 강직한 요새 같더니 가까이 다가가 보면 나비며 꽃들이 놀이터를 삼아도 말없이 안아 주는 너른 어머니의 품 같았다.

게르 뒤로는 황금 온천수가 흐르고 있었고 그 물 줄기에 조심스레 다가가 보면 돌담으로 만든 욕조가 있었는데, 우리 같은 여행객에게 허락된 곳이었기에 푸른 하늘과 그 하늘에 그림을 그려 대는 구름과 눈을 마주하며 온천수에 몸을 담그기도 했다.

온천수에 몸을 누였을 때, 유황 냄새가 진하게 밴 수증기가 피어오르면 나도 모르게 눈 커플이 무거워 눈이 감겼다. 비슈케크에서 담아온 혼돈의 소리들은 이내 말끔히 씻어졌다. 온천수 흐르는 물소리와 저기 물길 깊은 곳에서 작은 돌멩이들이 '자갈갈'하며 떠내려가는 소리가 들려왔고 이따금씩은 머리 뒤의 강아지들이 풀벌레들을 쫓다가 킁킁 코 푸는 소리가 들렸다. 주님 창조하신 소리들은 그렇게도 평온히 나를 덮어 주었다.

주께서 차려 주신 평온의 맛은 참으로 풍성하고 달았다. 주님은 대체 어떻게 이 상을 차리셨는지 그 평온의 맛은 참으로 감탄스러웠다. 달리 고개를 숙이지 않아도 내 마음에 찾아와 자리를 잡은 평온 자체가 주를 향한 경외임을 주님은 다 알고 계셨다.

혼돈의 소리를 씻기고 내게 들려주셨던 자연의 소리들은 자연을 창조하신 창조주 하나님의 소리였다. 그토록 선명히 주의 소리를 들려주시니 내 영혼이 주의 품에 안기어 평온을 마주하게 되는 것 같았다.

나는 그제야 자신의 영혼을 '아이가 어미 품에 있음과 같이 평온하게 하겠다.'는 시편 131장 2절 기자의 의지를 이해하게 되었다. 풍족하게 부모의 젖을 먹은 아이가 그 품에 안기어 무거운 눈커풀을 꿈뻑이며 부모의 얼굴을 바라봄과 같이, 창조주 하나님의 말씀을 가득 담아 먹고 창조주의 품에 안기어 그의 얼굴을 바라보면 우리는 평온해진다.

장작 타는 소리, 조랑말 풀 뜯는 소리와 새 날갯짓 소리 그리고 온천수 흐르는 소리와 그 물소리 깊은 곳에 자갈 구르는 소리들처럼 주의 말씀은 혼돈 중에 우리를 풍성하게 채우시는 평온인 것이다.

그랬다. 돌이켜 보면 혼돈의 현실 속에서 말씀을 부여잡을 때 평온이 찾아오곤 했었다. 창조주의 말씀에 귀를 기울여 내 영이 풍성할 때에 그토록 커다란 평온이 주어지는 것이다. 더 없는 혼돈 속에서 주의 품을 차지하는 방법은 창조주의 소리, 즉 주의 말씀을 풍성히 먹은 것이리라. 지붕 없는 돌담 온천에 몸을 누여 평원의 풀이 산들바람에 흔들리는 소리를 듣듯이, 주의 품에 나를 누여 풍성히 먹이시는 주의 말씀을 듣는 것이 평온이다. 그러니, 동행하심으로 닿고자 하는 우리 삶의 목적지가 평온이 아니라 동행하여 주심 자체가 이미 우리에게는 평온이 아닐까?

열방은 혼돈 중에 있다. 수많은 가치 충돌과 전쟁, 기근과 핍박…. 그 안에서 우리는 창조주의 소리를 외침으로 열방 가운데 평온을 선사하는 그리스도인이다. 우리는 혼돈의 열방 중에 숨겨두신 주님의 고요한 평온이다. 마치 숨겨두신 황금 계곡 알틴아라샨처럼.

주여 내가 사는 혼돈 속에서 주님의 말씀을 부여잡고 평온하기를 소망합니다. 우리를 보내실 열방은 혼돈일 것인데 우리가 그 혼돈을 우리의 능력으로 이기려 하지 아니하고, 주의 풍성한 말씀을 채움으로 이길 수 있기를 허락하여 주소서. 젖을 풍성히 먹은 아이가 그 어미의 품에서 풍요한 평온을 누림과 같이 우리가 주의 말씀을 먹고 주의 품에서 노닐 때에 혼돈의 열방 속에서도 평온의 풍성함을 누릴 수 있음을 믿습니다. 주여 혼돈의 연속인 세상 속에서 우리가 주의 말씀을 전할 때에, 열방의 자녀들이 우리가 전하는 복음에서 창조주 하나님의 소리를 듣게 되기를 소망합니다. 주여, 내게 채우신 평온을 내 속에만 두려 하지 않고 열방에 전할 수 있기를 허락하소서. 열방가운데 창조주 하나님의 세우신 평온의 소리가 되기를 원하오며 이 기도는 창조주 하나님의 아들 예수그리스도의 이름으로 기도합니다. 아멘.

불가리아 커르잘리

이스라엘 갈릴리

키르키스스탄 알틴아라샨

튀르키예 이스탄불

튀르키예 이스탄불

셋째 주

기뻐하시는 나

주여 나로 당신의 증인이 되게 하소서
in 미국

사도행전 1장 8절
오직 성령이 너희에게 임하시면 너희가 권능을 받고 예루살렘과 온 유대와 사
마리아와 땅 끝까지 이르러 내 증인이 되리라 하시니라

설교에 앞서 소개될 때, 종종 '힙합 선교사'라고 소개되곤 한다. 힙합 음악을 주요 도구로 활동하기 때문일 것이다. 음반 활동도 하거니와 최근에는 보건복지부를 주무부처로 심사를 거쳐 '랩음악심리지도사' 민간 자격증을 개발 보급하기도 했다. 또한 내 주요 미션이 다양한 국가의 언어로 'BIBLE RAP'이라는 힙합 기반 프로그램을 만드는 것인데, 이는 성경 말씀을 랩으로 암송하는 프로그램이다.

이렇게 랩이나 힙합문화를 사용하는 일을 하다 보니 '힙합 선교사'라는 수식도 썩 무리는 아니지만 조금 민망할 때가 있으니 '최초'라거나 '1호'라는 수식어가 하나 더 붙을 때다. '한국 최초의 힙합 선교사' 뭐 이런 식의 억지스러운 수식이 민망할 때가 있다. 진짜 내가 최초라면 별로 어색할 일도 아닌데, 전혀 사실이 아니기 때문이다.

그래, 그것도 그렇다고 치자. 진짜 제일 나를 민망하게 만드는 것은 내가 쓴 것도 아닌 기사나 SNS의 글을 보고서, 어느 유명 래퍼의 스승이라며 선구자로 소개를 해버리면 정말 숨고 싶어진다. 다른 래퍼를 당겨줄 정도로 앞서 있는 사람도 아니고 선구자라는 명예를 입기에는 나 이전에도 힙합을 통로로 복음의 전함을 선행하던 전도자들이 많았다. 석사 시절 '랩 음악치료'에 대한 논문을 쓸 때, 미국 NGO분야에서 랩 음악의 치료적 활용은 벌써 20년 전에 시작되었다는 자료를 읽기도 했다. 그리고 국내에서도 2002년에 BEAT CCM이라는 제목의 앨범이 발표된 바 있었다.

다만, 앞서 말한 것과 같이 객관적으로나 공적으로는 1호가 아니더라도, 누군가에게는 주관적으로 내가 1호가 될 수 있을 것이라고 생각한다.

나를 통해 문화선교를 접하고 처음으로 이 길을 꿈꾸게 된 청년에게는 내가 1호일 것이다. 또한 누군가에게는 내 설교가 믿음의 첫 경험이었을 수 있다. 90년대를 주름 잡던 보이그룹 'H.O.T' 이전에도 '서태지와 아이들'을 비롯한 많은 댄스 가수들이 있었지만, 내 마음에 처음 자리를 잡은 사춘기 시절의 가수는 'H.O.T'인 것처럼 말이다.

한인 청년들을 대상으로 설교하기 위해 미국 시애틀에 도착했을 때의 일이다. 도착하자마자 시차를 이기고 강의를 들어가야 하는 상황이었다. 컨퍼런스 현장에 도착하여 생수 하나를 들고 무대 뒤편에 앉아 대기를 하는데 여지없이 나는 또 그렇게 소개 되었다. "한국 최초의 힙합 선교사! 서종현 선교사님을 소개합니다!"

이렇게 소개된 이상, 현재 한국시간이 새벽 3시라고 해도 랩을 한 곡 안할 수가 없었다. 비몽사몽간에 시차를 가로지르는 랩을 한 곡 하고서 설교를 시작했다. 그렇게 첫 번째 강의를 끝내고 쉬는 시간에는 컨퍼런스에 참석한 청년들과 이야기를 나누게 되었다.

혀가 꼬불거리는 교포 특유 한국어를 하는 한 청년은 초등학교 시절에 처음으로 감명 깊게 들었던 크리스천 래퍼의 이름을 논하며 말했다.

"선교솨님의 RAP 너무 조취만 나한테능 LeCrae가 춰뺀째에요. 그 솨람 춰뺀째 여쒀요."

이틀간 이어진 강의 일정을 마무리하고 시차 적응도 되었을 즈음 나는 시애틀 이곳저곳을 기웃거렸다. 시애틀은 '톰 행크스'와 '맥 라이언' 주연 영화 '시애틀의 잠 못 이루는 밤(1993)'의 무대였기 때문에 지금까지도 회자가 되는 도시다. 나는 극 중 '톰 행크스'가 아들과 함께 지내던 유니언 호수의 수상가옥들을 보고 싶었다.

배 모양으로 생긴 버스를 타고 시애틀 시내를 둘러보다가 이내 유니언 호수로 들어섰다. 이 버스는 육지에서는 버스가 되고 수상에서는 배가 되는 시스템이었는데 하여간 이 배인지 버스인지를 타고서 유니언 호수를 떠돌게 되었다.

해질녘 로맨틱하게 떠 있는 선상 가옥들을 가리키면서 투어 가이드는 래퍼보다 빠른 말투로 뭔가를 설명했는데 아마도 '시애틀의 잠 못 이루는 밤'에 등장하는 지역이라고 하는 것 같았다. 나를 포함해 30세 이상으로 보이는 사람들은 고개를 자라처럼 내밀고 수상가옥들을 바라보며 90년대 감성이 짙었던 그 영화를 떠올리고 있었다.

슬그머니 그 시절의 '맥 라이언'이 떠올랐다. 청초하고 맑은 눈의 그녀는 바다 건너 미국 배우였지만 나를 포함해 많은 한국 남학생들도 그녀를 사랑했다. 중학교 시절 같은 반 남자애들이 모여서 영화 잡지를 보며 너도 나도 '맥 라이언'처럼 눈이 크고 웃는 모습이 예쁜 여자가 이상형이라고 입을 모으던 시절이 있었다. 우리에게 첫 할리우드 여배우는 '맥 라이언'이었다.

항구 도시 시애틀은 너무 당연하게도 수산시장이 이색적인 곳이었다. 전통과 멋을 자랑하는 여러 수산시장이 입점한 이 '퍼블릭 마켓'을 둘러보고 나오는데 왠 인파가 기다랗게 줄을 선 것이 보였다. 다시 자라 목을 주욱 빼고 살펴보는데, 그다지 이색적일 것도 없는 작은 상점 앞에서부터 멀리 까지 줄을 서 있는 모습이었다. 자세히 보니 그 상점은 말로만 듣던 그 스타벅스 1호점이었다.

사람들은 세계를 강타한 '스타벅스' 체인점의 시작을 만나보고 싶어 하는가 보다.

애초에는 바닷일을 나가는 선원들이 출항 전 추위를 달래며 한 잔씩 마시던 커피가 바로 '스타벅스' 커피였다고 한다. 이 작은 항구의 구멍가게인 '스타벅스' 1호점의 출입을 기다리는 사람들의 얼굴에는 지침이 보이지 않았다. 사람들은 옛 스타벅스 로고를 배경으로 셀카를 찍으며 기뻐하였다. 저 행렬의 누구는 스타벅스가 이 작은 어촌 마을에서 시작되었다는 것을 놀랍게 여기며 자신의 작은 시작을 응원했을지도 모른다.

나는 일정상 줄을 서지는 않았지만 잠시 그 풍경 앞에 멈춰 서서 상점에 들어갔다 나오는 사람들의 표정을 한동안 살펴보며 서 있었다. 사람들은 모두 한 손에는 1호점의 커피를 들고서 싱글벙글 기분이 좋은 모양이었다. 커피 맛이야 무엇이 그리 특별하겠냐마는, 누군가의 처음을 목도하며 참여한다는 것은 특별하고 즐거운 일일 것이다.

나도 누군가에게는 돌아와 만나고 싶은 싱글벙글 1호점이다. 문화선교사로 파송 받아 10여 년을 살았고 수없이 많은 무대를 섰다. 문화선교사로 파송 받았지만, 소년원 선교사로 불리던 시절도 있었다. 파송 초창기, 힙합 음악을 하는 선교사이다 보니 그 음악을 들고 줄기차게 오간 곳이 소년원인 터였다. 가끔 이제는 30줄이 되어가는 퇴원생들이 소년원 신앙수련회에서 나를 만났다며 SNS를 통해 연락 해올 때가 있다.

"선교사님을 통해서 처음 복음을 알았어요. 00년도 00소년원 여름이었는데 기억나세요?"

그래, 그들에게는 내가 신앙의 1호점일 것이다.

어디 소년원뿐인가, 방학이면 열리는 수십 회의 교회학교 수련되는 단연 우리 청소년 사역자들에게 큰 축제의 날들이다. 설교지에 도착하면 마중을 나오신 전도사님들이 이런 말을 할 때가 있다.

"제가 학생 때 교회 수련회 왔다가, 선교사님 설교 듣고 처음 주님 알았는데 이렇게 전도사가 되었습니다. 00년도 인천에서 했던 수련회였는데 기억나세요?"

그 전도사님의 눈에서는 내게서 주님과의 첫 사랑을 읽으려는 노력이 비친다. 그 시절 처음 복음을 전해 들었던 그 설교자를 만났으니 그의 눈은 스타벅스 1호점을 찾은 행렬들처럼 싱글벙글 이다. 그들은 그 시절을 기억하느냐고 묻는다.

알다마다 그 수천 곳의 설교지 중 특별히 한 곳이 기억날 리 없지만, 그 많은 청소년들의 눈물과 회심 그리고 절규하는 회개의 소리가 지금도 어제 일처럼 선명하다. 가슴 저릿하도록 뜨거웠던 그 밤들을 내가 어떻게 잊을 수 있을까? 우리가 함께 목 놓아 주님을 부르고 하늘 문이 열리어 우리에게 은혜가 쏟아지던 그 밤을 어떻게 잊을 수 있겠니.

할렐루야, 그들은 주님께서 내게 보내주신 열방이었다. 그들은 하나님 께서 복음을 전하라고 내게 주신 나의 예루살렘이오, 나의 유대였으며 사마 리아와 땅끝이었다. 그리고 나는 복음을 들어본 적 없던 그들에게 복음을 전 하면 벌어지는 일들을 목격한 증인이 되었다. 누군가는 여전히 복음을 들어 보지 못했다. 그것은 지구 반대편의 누군가일 수도 있고 우리 아파트의 이 웃일 수도 있다. 복음을 알지 못하는 열방의 영혼들에게 첫 선포자가 되는 은혜를 더욱더 맛보고 싶다.

"당신이 내게 복음을 처음 전해주었어요."

한 영혼에게 1호점으로 기억되는 것은 참 멋진 일이다. 나는 이 땅에서 어느 분야의 선구자도 아니고 최초도 아니지만, 복음을 들어 본 적 없는 열 방의 한 영혼에게는 1호점이 되어 주고 싶다.

주님, 나는 복음의 증인 된 삶을 살기를 원합니다. 열방 속에서 주께서 사랑하시는 한 영혼을 만나게 하시고 그 영혼에게 복음을 전하게 하소서. 그리고 그에게 일어나는 복음의 사건을 목도하여 증인되기를 원합니다. 하나님의 사랑을 모르는 나의 열방, 복음을 들어 보지 못한 세상의 땅끝으로 나를 보내시어 진리에 주린 영혼을 만나게 하소서. 그 영혼이 주님과의 첫 사랑을 시작하는 도구로 나를 사용하여 주시기를 원합니다. 주님 당신의 사랑을 전하고 그 사랑의 빛이 그 영혼을 조명하는 풍경을 마음에 담아 증언할 수 있는 복된 증인의 삶을 살기 원합니다. 이 기도는 나의 발을 통하여 다가가시며 나의 입을 통하여 전하시고 나의 눈을 통하여 복음의 사건을 목도 하도록 하시는 예수그리스도의 이름으로 기도합니다. 아멘.

나를 부인하여 당신을 보게 하소서

in 카자흐스탄

누가복음 9장 23절
또 무리에게 이르시되 아무든지 나를 따라오려거든 자기를 부인하고 날마다 제
십자가를 지고 나를 따를 것이니라

카자흐스탄은 우리의 중앙아시아 여행의 첫 국가였다. 여행을 한다는 마음에 왠지 발그레 하기도 했고 하하 껄껄 웃으며 기분 좋게 알마티 공항을 빠져 나왔지만 벌써 문제가 터졌다. 여행이라는 게 내도록 불안해하며 조바심을 낼 필요는 없더라도, 처음 와보는 곳에서 긴장의 끈을 놓았다가 한대 얻어맞으면 제법 출혈이 심한 법이다.

우리는 당시 중앙아시아의 5개국을 라운드 트립하게 되어 한 사람당 한 개의 국가를 맡아 정보를 수집하고 여비를 조정하는 등 총무 역할을 맡기로 되어 있었다. 카자흐스탄은 일행 중 막내의 소관이었다.

"형님들, 이거 타시면 됩니다."

얼마나 준비를 했는지 자기도 처음 와보는 알마티 공항이면서 의기양양 형들을 안내하는 막내의 모습은 이때까지만 해도 호기로웠다.

짐도 많고 일행은 5명이었기에 택시는 두 개를 잡았다. 두 택시 기사들의 그 너털웃음에 무장을 해제한 우리는 막내의 인도에 따라 별 고민 없이 숙소까지 이동했다. 예약된 호텔에 도착했는데 조금 이상했다. 호텔 정문에 차를 세우지 않고 멀찍이 길가에 차를 세우는 것이었다. 기사들은 정중하게 오른손을 가슴에 올리고 무슬림 특유의 진심 어린 동작을 해 보이며 조금 바빠서 그렇다고 연신 미안하다고 했다.

우리는 이미 택시 안에서 제법 가까워졌기 때문에 그 정도 실례쯤은 괜찮다며 넣어두라고 말할 수 있었다. 기사들은 택시 요금으로 얼마를 요구했고 막내는 지갑을 열어 아무런 의심 없이 그 비용을 줬다. 그들은 우리를 뜨겁게 안아 주며 '알라 블레스 유'를 연발하고 엄지를 거의 100번은 치켜들어 보이며 부르릉 길을 나섰다.

우리는 호텔의 정문까지 육중한 배낭을 메고 뒤뚱뒤뚱 걸으면서도, 무슬림들의 저런 사과의 모습은 우리 기독교인들이 본받아야 한다며 칭찬을 아끼지 않았다.

방에 들어가 짐을 풀고 있는데 막내가 쿵쾅쿵쾅 내 방문을 열더니 "형님! 죄송합니다!" 하고 말하기에 자초지종을 들어 보았다. 그 택시 기사들이 요구한 돈은 실제 택시 요금에 0을 하나 더 붙인 가격이었다. 다시 말해서 택시비가 100원이었다면 1,000원을 받은 것이고 택시비가 1,000원이었다면 10,000원을 받은 것이다.

그들을 친절하게 보았던 우리의 시선에 안개처럼 뭔가 뿌옇게 끼어 있었다는 느낌이 들었다. 처음 도착하여 정신없는 틈에, 그들은 친근히 우리의 시선을 빼앗고 익숙하지 않은 환율차이를 이용해 자신들의 한 달 임금 정도를 순식간에 도둑질해갔다.

막내는 그 넓은 어깨를 추욱 늘어뜨리고서 어쩔 줄 몰라 하고 있었다. 말이야 바른 말이지, 비단 이 아이의 잘못은 아니었다. 대한민국 장정 5명이 한날 한 시에 시선을 몽땅 빼앗긴 것이니까 말이다.

"나가자 막내야. 이거 뭐, 니 탓 아니다. 우리가 다 그 친절에 시선을 완전 뺏겨버렸지 뭐냐."

우리는 다음날 가려고 했던 일정을 하루 당겨서 진행키로 했다. 이렇게 다운된 분위기를 막내에게 계속 감당하게 하기는 싫었기 때문이다. 우리는 낭만적인 만년설을 볼 수 있다는 침블락 전망대로 이동했다.

침블락 전망대는 중앙아시아의 알프스라는 천산산맥을 해발 3,200m까지 오르는 케이블카 시설이다. 택시를 타고 매표소까지 이동하는데 막내는 내 옆에서 계속 계산기를 두드리며 환율에 익숙해지려고 애쓰고 있었지만 나는 화창한 알마티의 날씨에 기분이 좋아서 콧노래를 흥얼거리며 케이블카 탑승장에 도착했다.

총 3번의 케이블카를 타야하고 수직 높이는 3,200m 이지만 나선형의 케이블카 이동 거리는 총 4.5km라고 하니 정말 어마어마한 길이의 케이블카라고 하겠다.

첫 번째 케이블카를 타고 도착해야 하는 곳은 해발 2,260m 지점이었다. 첫 번째 케이블카가 위로 오를 때만 해도 조그마해지는 사람이나 건물들을 보면서 키득거렸다. 두 번째 테이블카 탑승 지점에 도착했을 때는 날씨가 급변하여 바람이 세차게 불고 먹구름이 흐릿하게 끼어들기 시작했다.

2,560m 지점까지 오르기 위해 두 번째 케이블카에 탑승했을 때는 우리 일행 모두 말수가 줄었다. 세찬 바람에 케이블카가 흔들렸고, 그 때문이었는지 이따금씩 케이블카는 멈춰 섰다가 다시 움직이는 듯 했다. 게다가 날이 흐려서 시야까지 좋지 않았으니 불안은 더해졌다. 개중에 한 놈은 공황장애가 일어날 것 같다며 눈을 감아버리기도 했다. 그러나 눈을 뜨고 있던 나머지도 앞이 잘 보이지 않는 것은 매한가지였다.

세 번째 탑승지점에 도착한 우리는 여기서 포기하고 다시 내려갈까 하다가 상주 직원에게 이정도 기후라면 케이블카가 멈추는 사고가 없을지 물었다. 직원은 정말 어이가 없다는 듯 이정도 기후에는 아무런 문제가 없고 기후에 문제가 있을 때는 자신들이 먼저 그날의 운행을 하지 않는다고 했다.

그 말을 믿고서 우리는 3,200m 최고 지점에 가기 위해 3번째 케이블카에 몸을 실었다. 안전하다고는 했지만 우리는 정말 아무런 말도 할 수 없었다. 흔들림이야 움직이는 시설이니 그렇다 치더라도 문제는 시야였다. 이제는 높이가 구름 안에 들어와 있는 정도가 되었기 때문에 정말이지 아무것도 보이지 않았다. 시야가 막히니 작은 흔들림에도 공포가 더해지는 느낌이었다. 말 그대로 구름 속이었다. 만일 여기에서 케이블카가 멈춘다면 우리가 여기에 갇혀 있는 것을 아무도 찾지 못할 것이라는 생각이 들었다.

우여곡절 끝에 우리는 결국 3,200m 고지에 도착했다. 하지만 기압차이로 몸이 조금 눌리는 느낌과 숨이 차는 증상이 없었다면 3,200m고지라는 것을 전혀 알 수가 없었다. 정말 아무것도 보이지 않았기 때문이다. 만년설은 고사하고 가시거리가 10m도 안 되는 것이 분명했다.

우리는 멍하니 서서 이상한 대화를 나누었다.

"그러니까, 지금 우리 앞이 만년설이라 이거지?"

"예, 지금 이 앞이 엄청 아름다운 설경이라 이겁니다."

"형님, 이게 지금 안 보여서 그렇지 엄청난 풍경이라니까요."

우리는 단지 안개 속에 있다가 화장실이나 한번 들리고 헛헛하게 지상으로 다시 내려왔다.

지상에 도착해서는 매표소 앞 커피숍에 잠시 들렀다. 택시도 기다릴 겸 커피를 마시며 와이파이를 연결하였다. '침블락 만년설', '침블락 설경'이라고 검색하니 정말이지 수백 장의 사진이 검색이 되었는데 너무나 아름다운 사진들이었다. 눈을 동그랗게 해서 사진을 보던 막내가 사진 속의 만년설을 손가락으로 가리키며 내게 말을 건넸다.

"우리가 그러니까 지금 여기 있다가 왔다는 거죠?"

웃음이 아니 날 수 없는 상황이었다. 방금 전까지 그곳에 있었으면서도 그곳 사진을 보며 감탄하고 있으니 말이다. 택시가 도착했다고 연락이 왔기에 자리를 털고 일어나는데 막내가 다시 말을 이었다.

"형님, 이번에는 안개가 우리 시선을 빼앗았네요. 그죠?"

택시를 타고 돌아가는 길, 막내의 그 말이 가슴에 참 깊이 남았다. 아무리 멋진 풍경이 놓여 있다 하더라도 안개가 자욱하면 그 풍경을 감상할 방도가 없듯, 우리 앞에 아무리 멋진 주님의 계획이 놓여 있다고 하더라도 나의 욕정이 안개처럼 자욱해서 시선을 빼앗기면 주님의 계획을 볼 수조차 없는 노릇이겠구나.

우리는 우리가 너무 커서 두려움에 휩싸이는지도 모른다. 광대하신 주님에 대한 신뢰보다 내 유약함이 더 앞서 있을 때 두려움에게 시선을 빼앗기는 법이다. 날마다 기도와 말씀으로 나아가는 것은 내 눈앞의 안개를 걷고 주님 주신 풍경을 바라보기 위함이 아닌가.

그토록 외치고 다시 외치는 '자기부인'이란 결국 내 앞에 놓인 안개를 걷는 것이리라. 미약한 자의식과 불완전한 정체성을 걷어버리자. 그리스도께서 내 삶의 주인 되심만을 기억하고 나의 정체를 인도하신다는 믿음으로 서는 것이 곧 '자기부인'이리라.

성도는 절망이 끈적한 땅에서도 아름다운 설경을 볼 줄 알아야 한다. 열방을 향하여 길을 오르는 내게 거센 바람이 몰아치더라도 두렵지 않은 것은 내 욕정의 안개가 걷혔으므로 주의 선하신 얼굴과 선하신 계획을 밝히 볼 수 있기 때문이다.

　　주여 내가 열방으로 나아 갈 때에 시선을 빼앗은 안개를 걷어버리고 주의 선하신 얼굴과 선하신 계획을 보기 원합니다. 주의 길을 가고자 하나 나의 욕정으로 인하여 안개가 자욱하니 시선을 빼앗겨 주님 주신 길을 보기가 어렵습니다. 당신 보다 나를 더욱 신뢰했기에 길을 알 수 없사오니 내 영에 말씀하시어 눈앞의 안개를 걷을 수 있는 선한 능력으로 나를 채워 주소서. 세찬 바람이 불어 나를 흔든다 할지라도 주의 선한 얼굴을 마주하고 있기에 두려움이 아니라 기쁨으로 이 길을 갈 수 있기를 원합니다. 열방을 향하여 나아 갈 때에 안개 자욱한 길을 걷도록 나를 놔두지 아니하시기를 바라며 이 기도는 나의 길이요 빛 되신 예수그리스도의 이름으로 기도합니다.

당신의 이름으로 나누게 하소서

in 브라질

마태복음 10장 42절
또 누구든지 제자의 이름으로 이 작은 자 중 하나에게 냉수 한 그릇이라도 주
는 자는 내가 진실로 너희에게 이르노니 그 사람이 결단코 상을 잃지 아니하리
라 하시니라

볼리비아 수도 라파즈에서의 일이다. 여느 날과 다를 바 없이 늦은 저녁으로 스파게티를 먹고 숙소로 돌아가는 길이었다.

'엇'

땅이 조금 흔들리는 것 같았다. 주변을 살펴보니 몇몇도 나와 같은 흔들림을 느낀 것 같았고 숙소로 올라와 텔레비전을 켜자 지진으로 뒤틀린 땅이 보도되고 있었다. 진원지는 인접국인 칠레의 해안 도시였다. 내가 있던 라파즈와는 제법 거리가 있는 지역이었기 때문에 안도의 한 숨을 쉬다가 멈칫했다.

'엇, 나 며칠 뒤에 칠레 가야 하는데.'

며칠 뒤, 볼리비아를 출국하여 입국하기로 되어 있던 나라에서 지진이 터진 것이다. 텔레비전으로 얼핏 보기에도 엄청난 규모의 지진이었음은 틀림이 없었고 곧이어 칠레행 비행기 결항 정보가 핸드폰으로 전송되었다. 칠레의 수도 산티아고 공항이 임시 폐쇄되었다는 소식이었는데 육로로 입국할 계획을 세우면 되려나 싶어 알아보니 육로 국경도 폐쇄되었다고 했다.

며칠 안에 육로 국경이 개방 되더라도 잔여 지진이 계속 될 우려가 있는 칠레로의 강행군은 위험한 처사라고 생각되었다. 결국 칠레 일정을 완료할 수 없다고 결론 내리고서, 칠레행 표를 취소하고 숲이 우거져 지진의 영향권 밖에 있는 브라질 상파울루로 진행 경로를 변경하기로 했다. 이미 늦은 저녁이었기 때문에 날이 밝으면 근처 여행사에 가서 비행기 표를 발권할 계획을 세우다가 잠이 들었다.

우연한 기회로 생각지도 못한 브라질에 입국하게 되었다며 아내에게 전화를 한 뒤에 아침을 거르고 여행사로 향했다. 어젯밤 알아본 브라질 상파울루행 비행기 값이 널을 뛰고 있었다. 아마도 칠레와 국경을 마주한 볼리비아에서 칠레행 비행기를 취소하고 브라질행 표를 구하는 사람이 많아지고 있었나 보다. 가격으로 실랑이를 하다가는 그나마 몇 장 없는 표를 놓칠 것 같아서 어서 그 표를 달라고 신용카드를 내밀었다.

그런데 이 여행사 직원은 한사코 현금만 받겠다며 으름장을 놓았고 내 뒤에 기다리는 백인 배낭여행자 커플은 그 큰 눈이 쏟아질 정도로 나를 쏘아보고 있었다. 볼리비아 현금이 약간 있었지만 비행기 표 값에는 못 미치기에 참 난감한 상황이었다. ATM에 다녀온다면 표는 매진 될 것 같았다. 어찌해야 하나 머리를 긁적이다 멈칫했다.

"엇, 달러도 받아요?"

손가방 깊은 곳에 달러를 좀 넣어 둔 것이 기억났다. 남미행 비행기에 오르기 전 아버지께서 혹시 모르니 들고 가라고 넣어 주신 달러 뭉치가 생각이 난 것이다. 다 큰 아들 해외 간다고 뭐 그리 걱정하시냐며 투덜거리는 내게, 혹시 모르니 들고 가라고 하셨던 아버지의 모습이 떠올랐고 딱 비행기 표 값의 달러였다. 정말이지 우연히 넣어둔 달러가 이렇게 중요하게 쓰이다니 감사할 따름이었다.

그렇게 계획에도 없던 브라질 상파울루행 비행기를 성공적으로 예약했다.

상파울루 공항에 도착한 나는 먼저 눈앞에 보이는 스시집에서 초밥을 먹었다. 볼리비아 라파즈와 비교했을 때 비교적 선진화된 상파울루에는 먹을 것이 참 많았다. 맨날 텁텁한 스파게티를 먹을 수밖에 없었던 볼리비아의 생활에 지친 탓일 수도 있겠지만 오랜만에 느껴보는 현대 시설의 편안함은 참 달콤했다.

공항을 빠져나가는 공항버스도 너무 쾌적했고 사람들은 대체로 깨끗하고 경쾌해 보였으므로 꾀죄죄한 몰골은 오직 나뿐이어서 웃음이 났다. 이리도 아무런 대책 없이 갑작스레 우연히도 상파울루에 놓이게 된 것이다.

예약한 숙소를 찾아가기 위해 한 버스 정류장에 내려서 지도를 보며 길을 걷고 있는데 우연히 상파울루 대성당을 지나게 되었다. 사진으로는 몇 번 본적이 있는 상파울루 대성당에는 경찰차가 몇몇 위기감을 조성하며 서 있었고 조사 구역을 의미하는 테이프들도 둘러쳐져 있었다. 아마도 최근에 무슨 일이 있었나보다.

숙소를 잘 찾아 들어가 샤워도 하고 깔끔하게 면도도 하고는 아까 본 상파울루 대성당을 검색해 보았다.

'엇'

검색을 하자마자, 누군가 상파울루 대성당 앞에서 총탄을 맞는 영상과 함께 많은 기사들이 보였다. 영문신문, 포루트갈어 신문뿐만 아니라 한국신문에서도 이 상파울루 대성당 총기사건을 보도하고 있었는데 이 사건은 보통의 총기 사건과 다른 아름다운 면이 있었다.

2015년 9월 5일, 상파울루 대성당의 정문 계단에서 한 여성을 인질로 잡은 범인이 총기로 위협을 가하고 있었다. 경찰과 인질범이 대치된 가운데, 61세 노숙인 '리마로'씨가 여성의 비명을 듣고 뛰어들어 인질범을 저지하고 인질을 구출해 내었다. 하지만 그는 여성이 탈출하는 동안 인질범과 몸싸움을 벌였고 그 과정에 총에 맞아 쓰러지게 된다. 이어 인질범이 경찰에게 잡히는 것을 끝까지 지켜본 후에 눈을 감았다고 한다.

이 사건은 '상파울루의 노숙인 영웅'이라는 제목으로 기사화되어 번져가고 있었다.

나는 티셔츠를 검정색으로 갈아입고서 숙소 문을 열고 나와 다시 상파울루 대성당을 찾아갔다. 부슬비가 내리는 상파울루 대성당 광장에는 '리마로'씨의 친구였을 노숙인들이 삼삼오오 모여 있었다. 아마 '리마로'씨도 저 무리 안에 있었을 것이다.

우연히 광장에 있었던 '리마로'씨의 귓가에 갑자기 사이렌 소리가 들렸고 고개를 돌려 보니 인질극이 시작되고 있었을 게다. 고통스러워하는 여인을 보고는 그 위로 세워진 십자가를 한번 보았을지 모른다. 그리고는 인질범의 시선이 경찰에게 향해 있는 사이 그는 저벅저벅 계단을 올랐다.

우연한 기회로 찾아든 희생의 시간, 두려움과 공포로 사경을 헤매는 낮은 심령에게 다가갔던 '리마로' 씨의 사건은 상파울루 대성당 높이 오른 십자가와 참 잘 어우러지는 이야기다. 이 이야기는 내게 비단 살인 사건을 다룬 스릴러가 아니라 작은 자에게 다가가 손을 내미는 아름다운 드라마였다.

사건의 현장에서 그 노숙인의 우연한 하루를 묵도하며 나는 한 가지 기도를 드렸다.

"주여, 나는 우연이라고 알지만 주님의 주권적 역사로 이루어진 나의 하루 중에 낮은 자를 향할 수 있는 사랑을 허락하여 주소서."

예수를 그리스도로 믿는 우리에게 우연은 그저 우연이 아니라 주님의 주권적 역사하심이다. 이 역사 가운데 마주치게 되는 작은 자에게 나의 물 한 컵을 희생할 수 있기를 원한다. 그 물이 우리게 남은 단 한 잔의 물이라 할지라도 무모하게 나눌 수 있는 사랑의 담대함을 허락해 주시기를 말이다.

하여 우리가 작은 자에게 물 한 컵을 나누었을 때, 누군가 우리를 두고서 생명수를 나눈 영웅이라 호칭한다면 단연코 말해야 할 것이다. "아니라, 우리를 위하여 피를 쏟으신 예수를 따르는 제자일 뿐이라."

그리스도인에게 우연은 없으며 영웅도 없다. 우연 같은 우리의 모든 걸음이 주의 주권이오, 우리의 모든 '낮은 자를 향함'은 영웅이신 주를 따름일 뿐이다.

열방기도

　　주여 우연이 아니라 주의 의중 안에서 우리는 열방 속에 놓이게 됨을 기억합니다. 주님 보내신 열방 가운데서 주님께서 출처 되시는 복음의 사랑을 전할 수 있도록 허락하소서. 열방 속의 작은 자들에게 내가 갖은 한 컵의 생명수인 복음의 소식을 나눌 수 있기를 원합니다. 주여 우리의 선행이 우리를 조명하지 아니하고 모든 사랑의 주제이신 하나님 아버지를 조명하기를 바랍니다. 주여 희생이 필요한 곳에 당신의 이름으로 내게 부어주신 사랑을 나누게 하시며 그 사랑을 나눌 수 있는 담대함을 허락하여 주소서. 이 기도는 우리를 통하여 열방 중에 자신의 사랑을 전하기를 원하시는 예수그리스도의 이름으로 기도합니다. 아멘.

복음의 통로 되게 하소서

in 우즈베키스탄

갈라디아 1장 24절
나로 말미암아 하나님께 영광을 돌리니라

우즈베키스탄의 수도 타슈켄트에서 기차를 타고 실크로드의 도시 부하라로 이동했다. 부하라는 중세의 중앙아시아가 가장 잘 보존 되어 있기 때문에 도시 전체가 세계문화유산으로 지정되었으며 실크로드를 만나 보기에 그만한 유적지가 없다고 평가 되는 곳이다.

기차를 움직이는 긴 시간 동안 창밖으로 끝없이 이어지는 광활한 사막은 나로 하여금 물 한 방울 없는 사막을 가로지르는 봇짐장수들과 낙타 행상을 연상케 했다. 그 시절의 사람들은 어찌 이 사막으로 동서를 오갔을까? 멀리 보이는 마른 나무와 그 아래로 빈약하게 깔리는 그늘이 귀해 보였다.

게다가 그 많은 짐들을 저 사막에 떨구기라도 한다면 큰 야단이 났을 일인데 하루 이틀도 아닌 이 긴 길을 개척하여 오갈 수 있었던 원동력이란 무엇이었을까? 큰돈이 목적이었다고 할 수 있지만 그럼 그 교역이 큰돈이 되었던 이유는 무엇일까? 우리 인간은 내가 '동'일 때 '서'의 것을 즐거워하고 내가 '서'일 때 '동'의 것을 즐기고 싶은 문화 나눔에 대한 본성을 갖은 존재라고 할 것이다.

멀리 보이는 사막에 모래 먼지로 궤적을 남기며 지프차 한 대가 유유히 지나가는 모습이 보였다. 지금이야 지프차라지만 중세 실크로드 당시 낙타를 타고 오가는 행상들은 물건을 유통하는 동안 한 달이고 일 년이고 볼 수 없는 가족들을 위해서 어떤 기념품을 준비했을까? 딸이 있던 행상은 고운 참빗이나 거울을 간직해 갔을지도 모를 일이다. 아들이 좋아할만한 이국적인 팽이를 모시듯 하여 집에 도착했지만 이미 아들은 팽이를 가지고 놀기에는 너무 커버려 격세지감을 느꼈을 것이다.

그 옛날, 실크로드의 도시 부하라에서는 많은 문화가 한데 모여 만남과 이별을 경험하고 다시 만나기를 기약 없이 약속하지만 그들은 다시 여행길에 오르며 알았을 것이다. 다시 만나기 어렵다는 것을, 이 기다란 길을 오가는 동안 내가 저 사람을 또 만날 기약이란 없다는 것을 말이다. 만남의 기쁨보다 깊은 이별의 시간에 행상들은 서로의 짐에 무엇을 넣어 주었을까?

"이보게, 집에 가거든 잘 먹고 잘 사시게. 그 자네 봇짐에 우리나라에서는 없어서 못 먹는다는 전병을 하나 넣었네. 사막 어딘가에서 허기가 오거든 그 전병 물고 내 생각 한번 해주게나." 한 손에는 낙타의 고삐를 잡고 다른 한 손으로는 아쉬운 마음을 쓸어 내렸을 부하라, 나도 그곳에서 주님께서 넣어주신 깨달음의 은혜를 안고 돌아왔다.

서너 시간 남짓을 달려 도착한 부하라의 기차역에서 인상 좋아 보이는 택시기사를 만나 내가 도착한 곳은 '리비 하우스'라고 알려진 부하라 실크로드 교역의 중심 유적지였다. '리비 하우스'는 연못이 있는 지역이라는 뜻인데 사막을 오가는 행상들은 이 오아시스 지역에서 몸도 마음도 누이고 목을 축이며 재충전을 한 후에 다시 길을 나섰다고 한다.

'리비 하우스'에 들어서니 정말로 꽤 큰 크기의 연못이 하나 있었고 그 뒤로 뻗은 골목들에는 숙소들이 즐비하였다. 물론 지금은 신식 숙소들이 관광객을 맞이하고 있지만, 그 골목 골목으로 동과 서가 서로 뒤엉켜 피곤과 외로움을 달랬으리라. 나 역시 긴 이동으로 피곤했기에 짐을 풀고는 씻지도 않고 잠이 들었다가 해질녘이 되어서야 지저분했지만 달콤한 사막에서의 낮잠을 깨었다.

이제는 현대식 수로가 생겼으니 사막 한중간이라도 콸콸 쏟아지는 물로 멀끔하게 샤워를 하고 터벅터벅 연못으로 나가 보았다. 물론 지금은 그 연못물을 마시는 낙타도 없고 멱을 감는 행상도 없지만 그 시절에는 얼마나 반가운 오아시스였을까? 죽다 살아난 이도 있을 것이다. 연못을 보자 한 달음에 달려와 코를 처박고는 꿀꺽꿀꺽 물을 들이키는 사람도 있었을 것이다. 그러면 국적 모를 피부색 다른 행상이 다가와 고생했다고 빵 한 조각을 내밀어 동병상련을 뽐내었을 일이다. 빵을 받아 들고 이제야 정신을 차린 행상이 꾸벅 고개를 숙여 인사를 하면 빵을 건넸던 행상은 생각한다. '음, 이 사람은 고마울 때 고개를 숙이는 문화로군. 그렇다면 나도 고개를 숙여서 인사를 해줘야지.' 각기 다른 문화는 이 연못 앞에서 화기애애한 나눔을 만들었을 것이다.

부하라 역사지구 안에는 등불을 켜는 탑이 하나 있었는데 그것은 마치 사막에 세워진 등대와 같은 역할을 했다고 한다. 이정표도 없고 그렇다할 도로도 없이 동과 서로 대륙을 가로지르던 행상들에게 부하라의 사막 등대는 이정표 역할을 했다.

저녁을 든든히 먹고 풍요한 마음으로 그 등대를 바라보자니 주님이 나의 길이자 빛이시라는 복음서의 말씀이 떠올랐다. 내가 칠흑 같은 광야의 시간을 오가는 동안 내게 길이 되어 주시고 내게 빛이 되어 주신 등대와도 같은 나의 주님은 그야말로 내게 부하라가 아닌가.

한 치 앞 모를 인생길에서 끝을 가늠할 수 없는 삶이라는 거친 여행을 나선 내게 주님은 등대가 되어 주셨으며, 목이 말라 죽을 지경일 때 목을 축여 주시고 내게 달디단 잠을 주시어 회복케 하셨으니까 말이다.

하루는 부하라 실크로드의 주요 유적 중 하나인 중세 무슬림 신학교에 들렀다. 참으로 아름답고 거대한 건축이었다. 사막의 모래 색과 어우러진 푸른색의 신학교 장식들은 무슬림 예술의 자태를 커다랗게 자랑하며 서 있었다. 이곳 부하라는 무슬림 문화가 세계로 나아가는 길목이기도 했는데 그들이 받았던 가르침은 이방인에 대한 친절과 환대였다고 하니, 이 거대 신학교가 소재한 부하라의 무슬림들이 교역을 오가는 행상들을 친구로 환대하는 정겨운 모습이 떠오르기도 했다.

신학교가 전경으로 보이는 찻집에 앉아 실크로드식 홍차 한잔을 마셨다. 우유를 넣은 홍차의 색과 이 지역의 배경이 되는 모래색은 유난히 잘 어울렸다. 차를 홀짝이며 내 신학교 시절을 떠올려 보았다. '그 시절, 내가 받았던 중요한 가르침은 무엇이었을까?'

정답이 너무 빨리 나왔다. 작은 잔에 담긴 홍차를 다 비우기도 전이었으니까 말이다. 물론 성경의 가르침이야 어느 구절이든 그 깊이의 경중을 저울질할 수 없으나, 선교사로 자란 내게는 단연 세상 모든 민족을 제자 삼으라 하시는 마태복음 28장 20절의 말씀이 답이었다.

웬 추억 팔이 감성이 툭 튀어 나와서는 오랜만에 핸드폰을 꺼내어 찻집의 와이파이를 연결하고, 메일함이며 자료 보관함에 들어가 신학교시절 제출한 과제들을 다시 읽어 보게 되었다. 무슬림들의 곡조 있는 기도소리가 흘러드는 찻집에서 돌아본 내 학창시절의 글들은 정겨운 투였다.

그 중 선교학 과제로 제출했던 글에 적힌 말씀 한 절이 마음에 쿵 하고 다가와 잔잔했던 마음에 은혜의 소동이 일었다. 마치 오늘을 위하여 그 시절에 적어 둔 것처럼 정한 때에 기지개를 틀며 일어난 주님의 말씀이 내 가슴에 진한 감동을 전했다.

나로 말미암아 하나님께 영광을 돌리니라

_갈라디아서 1장 24절

이 말씀이 본문이 되었던 바울의 선교에 관한 리포트는 삶으로 복음을 살아 내는 것이 다름 아닌 선교라는 주제의 글이었다. 바울 선생의 회심을 보며 사람들이 주께 영광을 돌렸듯, 나를 만나는 사람들이 곧 내게 일하신 하나님을 만난 것이 되어 하나님께 영광을 돌리기를 바란다는 논지의 글이었다.

이 글은 그러니까, 내가 복음의 부하라가 되기를 바라는 것이었다. 주님께서 내게 부하라가 되어 주신 것처럼 나도 주님 닮아서 복음을 모르는 심령을 위한 복음의 부하라가 되기를 바랐던 것이다.

삶이라는 광야에서 갈 길을 잃어버린 사람들, 목마른 사람들이 내가 켜 놓은 복음의 등대를 보고 찾아와 은혜의 연못에서 영원히 목마르지 않을 생명수를 마시고 회복하도록 섬기고 싶다. 나를 만나 새 힘을 얻고 회복케 되어 주님을 알고서 다시 길 나서는 심령들의 봇짐에 몇 구절의 말씀을 넣어 주리라.

"이보게, 내게 일하신 주님을 보고서 자네는 주님을 알게 되었네만 이제는 열방이 자네를 통해 나타나시는 주님을 알게 되기를 바라네. 말씀 몇 구절 챙겨 넣었으니 그늘이 보이거들랑 낭창허이 앉아 허기진 영을 좀 달래면서 쉬엄쉬엄 가시게."

나는 이렇듯 광야를 살고 있는 사람들에게 복음의 통로가 되기를 꿈꾸었다. 여전히 꿈꾸고 있으며 언제나 꿈꿀 것이다. 부하라의 일정을 마무리한 나는 짐을 꾸리고 몇 시간을 이동하여 실크로드의 최대 도시 사마르칸트에 닿았다. 햇빛 좋았던 그날 실크로드 당시 최고 장터였다는 거리를 찾아가 사부작사부작 거닐어 보았다. 이제는 한적해진 장터의 터 저쪽 어디에서 내 이름이 들리는 듯 했다.

"여보게들, 부하라에서 말일세. 서종현이라는 치를 만났는데 아 글쎄 그

놈에게 내가 복음이란 것을 들었지 뭔가! 내 부하라에서 고이고이 모시고 온 이야기니 한번 들어들 보게나."

내 길이요 생명이요 빛이신 나의 주여 나로 복음의 통로가 되도록 허락하여 주시니 감사합니다. 복음을 모르는 심령이 곧 열방이라고 할 때에 그 열방은 멀리 있지 않음을 기억합니다. 내 주변 열방을 향하여 나아갈 때에 주여 그들이 내게 일하신 주님을 보고 주님을 알게 되어 주께 영광 돌리기를 소망합니다. 말씀을 읽고 주님을 지식으로 알려고만 하지 아니하고 삶에서 주가 드러나시도록 내 삶이 은혜의 부하라가 되기를 원합니다. 주님 주신 복음의 빛으로 연못을 내겠습니다. 나를 만나게 되는 심령들이 다시는 목마르지 않을 생명수로 목을 축일 수 있기를 바라며, 주님 주신 빛으로 등대가 되어 이 험난한 광야를 가는 자들에게 생명의 길을 빛 비추게 하옵소서. 나로 열방 중의 통로가 되게 사실 예수그리스도의 이름으로 기도합니다. 아멘.

나의 요단강을 건너게 하소서

in 요르단

여호수아 4장 9절

여호수아가 또 요단 가운데 곧 언약궤를 멘 제사장들의 발이 선 곳에

돌 열둘을 세웠더니 오늘까지 거기에 있더라

요르단에서 내가 했던 일을 생각해 보면 그저 이스라엘의 욕을 듣는 것이었다. 이스라엘에 대해서 어떻게 생각하느냐고 내가 물어본 것도 아닌데, 택시기사도 피자집 점장도 호텔 경비도 이스라엘을 잘근잘근 씹어대었다. 처음 본 외국인에게 물어보지도 않은 이스라엘 험담을 늘어놓는 이들의 공통점은 하나였다. 이스라엘에게 땅을 빼앗겼다고 말하는 요르단 거주의 팔레스타인 사람들이라는 것.

그들의 눈빛에 가득한 사무치는 분노와 슬픔은 우리 민족이 이따금씩 일본을 상대로 짙게 토하는 그것이기에 낯설지는 아니했다. 어떤 사람은 대화중에 내 입에서 나오는 '이스라엘'을 툭툭 끊어가며 '팔레스타인'으로 교정하고 나섰다.

"그래서 코리안 너는 요르단 다음에 어디로 가는 거야?"

"응, 난 며칠 뒤에 이스라엘로 갈 거야."

"팔레스타인."

"응?"

"이스라엘이 아니고 거긴 팔레스타인이라고."

팔레스타인 사람들의 적국에 대한 살기를 보자니 나는 마치 여호수아의 가나안 정복 전쟁을 현실에서 보는 것 같았다. 물론 지금의 이스라엘과 팔레스타인 분쟁은 여호수아 시대의 전쟁과 성향이 다르다. 하지만 이스라엘의 가나안(현재 이스라엘 영토) 정복 전쟁도 결국 가나안 땅에서 팔레스타인을 몰아낸 사건이기는 한 가지이기 때문에, 이 지역에 감도는 전운은 여호수아 당시의 긴장감을 느끼기에 합한 것이었다.

하루는 절벽 진 바위산 사이에 만들어진 낙공불락의 도시유적 페트라에 닿았다. 페트라 유적 내의 절벽을 깎아 만든 건물들은 여행객들의 시선을 빼앗기에 충분했다. 우리가 현대에 보고 사는 건물들은 대개 건축 자재를 쌓아 올리는 형태의 건물들이기 때문에, 높이 40m가 넘는 건물을 동굴 파는 형태로 깎아 만든 이 유적군이 이색적일 수밖에 없다.

상당히 넓은 규모의 페트라 유적군 안에는 이 사막 도시에 물을 대는 거미줄 같은 수로와 여관이며 상점들로 쓰이던 동굴까지 그 모양이 보존되어 있었다. 이는 척박한 중동의 사막에서 당시의 페트라가 어느 정도의 위용을 갖는 중심 도시였는지를 알 수 있게 해 주었다. 더욱이 페트라 유적 입구에서부터 시작되는 굽이치는 절벽 사이를 한동안 지나와서야 만날 수 있는 이 요새와 같은 도시는 정말이지 낙공불락의 도시라고 할 것이다.

그러나 그런 페트라도 멸망을 피할 수 없는 사건이 있었으니, 이곳은 선지자 오바댜를 통해 하나님의 진노로 인한 멸망을 계시 받았던 곳이다. 야곱의 형 에서의 나라 에돔, 그 에돔의 수도 욕드엘이 바로 이곳 페트라다. 제아무리 위대한 인간의 건축도 하나님의 진노 앞에는 난공불락이 무효가 되는 것이로구나.

페트라를 빠져나오면서 옷에 묻은 붉은 모래 먼지를 "후~후~" 하고 털어 내었다. 인간의 힘으로 이룬 것들은 그야말로 거대한 바위를 깎아 만든 견고한 성이라 해도, 허망한 종이 성을 지은 것과 다르지 않으니 주께서 "후~후~" 하고 불면 날릴 것이지 뭔가.

요르단에서의 일정을 마무리하고 이스라엘로 이동하기 위해 버스표를 끊었다. 사실 여행자들 사이에서 이 육로 국경은 어렵기로 소문이 자자한 관문이다. 이스라엘이 놓인 아랍 국가들과의 외교적 상황 때문에 나처럼 무슬림지역 출입국 스탬프가 많이 찍힌 여권은 따로 선별된다. 그렇게 선별되어, 공항도 아니고 육로 국경의 거칠기 짝이 없는 이민국 사무실에서 조사를 받아야 할 것을 알면서도 나는 육로 국경을 선택했다. 그 이유는 40년 광야 생활을 지나 약속하신 가나안으로 진격하는 성경 당시의 이스라엘처럼 요단강을 건너보고 싶기 때문이었다.

버스가 달리는 동안 GPS를 켜고 지도 어플 화면을 통해 요단강이 가까워지는 것을 보고 있었다. 강이 가까워질수록 침이 꼴깍 꼴깍 넘어갔다. 이스라엘은 한 세대가 모두 죽기까지 광야의 시간을 거쳤다. 그들이 어떤 결의로 하나님의 언약궤를 위시하여 요단강을 건너 가나안으로 입성했는지 알고 있는 나였기에, 그 네모진 버스 안에서 내 마음은 사방으로 팔방으로 함성을 뻗어대었다.

지도 화면을 한번 보고, 고개를 들어 척박한 사막을 한번 보고, 다시 지도에 코 박기를 몇 차례 반복했다. 이윽고 GPS는 내가 요단강 위에 있다고 말해 주고 있었다. 난 버스의 창문 유리에 코를 구겨 내고는 콧기름을 처발라가며 밖을 관찰했다. 유리창에 그렇게나 얼굴을 찌부 시켜 놓고는 눈이 다 찌그러지도록 좌우를 번갈아 살폈지만 이상하게도 물이라고는 보이지 않았다. 다시 지도를 확인해도 나는 요단강을 가로지르는 다리 위에 있는 것이 맞는대도 말이다. 뭐랄까? 그저 시냇가라고 하기에 조금 민망한 물줄기만 저기 깊숙이에서 졸졸졸 흐르고 있었다.

현대의 요단강 줄기가 심히 마른 것인지, 아니면 내가 건넌 이 유역의 물줄기가 유독 좁아지는 지점이었던 겐지, 그것도 아니면 물이 마르는 극심한 건기였던 것인지는 잘 모르겠다. 하지만 속을 훤히 드러내고 있는 요단강을 보면서 더 다행이라는 생각이 들었다. 이 물 마른 요단강을 보고 있으니, 홍해가 갈라지듯 바닥을 드러낸 요단을 건넜을 이스라엘이 더 깊이 묵상되었기 때문이다.

'저렇게 생긴 강바닥을 건넜겠구나.'

마른 요단강을 건너는 이스라엘의 모양을 성경에서 살펴보자. 하나님께서 요단강 물의 흐름을 멈추시자 물이 벽이 되어 양옆으로 세워진다(수 3:16). 이제 백성이 요단강 동편으로 건너갈 길이 열렸다. 이스라엘은 물 마른 강을 건널 때 각 지파 당 한 개씩의 바위를 이 마른 강의 바닥에 세웠고(수 4:9), 하나님께서는 백성이 다 건넌 후에 물을 다시 채우심으로 세워진 바위들까지 물로 덮으셨다(수 4:18).

여호수아 4장 9절에 기록된 '각 지파 당 한 개씩의 바위'는 이스라엘의 옛 자아를 나타낸다. 다시 차오른 요단강 물에 이스라엘의 옛 자아는 수장된 것이다.

강을 말리시고 다시 덮으시는 하나님의 전능하심을 묵도한 이스라엘은 진정 하나님 백성으로서의 새로운 자아를 지니게 되었다. 그러니 하나님의 손으로 이루신 열두 바위의 수장은 마치 세례와도 같은 것이었다.

후에 세례요한도 이 요단강에서 사람들에게 회개를 촉구하며 세례를 베풀었다. 이렇듯 요단강은 옛 자아를 버리는 곳인 동시에 새로운 시작이 넘실거리는 곳이다. 세상은 "요단강 건넌다."라는 숙어를 돌아올 수 없는 고통의 길로 접어들었음을 의미하는데 사용하지만 하나님을 믿는 성도들은 안다. 요단강을 건너는 것은 나의 육적 자아가 수장 되고 영적 자아가 살아남으로써 하나님의 백성으로 거듭나는 것이다.

이스라엘은 그렇게 요단강을 건너 가나안으로 진격하였고 낙공불락의 성이라는 여리고를 정면으로 마주하게 된다. 그러나 그들은 이미 알고 있었다. 제 아무리 위대하고 강직한 건축이라도 인간의 성은 하나님의 능력 앞에서 종이로 만든 성과 다름없음을 말이다.

땅에 살지만 하늘의 백성인 이스라엘은 나팔과 함성만으로 여리고를 함락한다. 그 나팔과 함성은 마치 인간의 종이 성을 "후~후~"하고 불어 내시는 하나님의 입김과도 같아서 그 입김에 여리고는 그야말로 종잇장 팔랑이듯 무너지고 말았다.

아, 이스라엘이여. 집도 성도 없던 이스라엘 민족은, 그 자체가 강인한 영적 성읍이었던 게다.

우리도 이 세상에 세워진 하나님의 영적 성읍이기를 구해야 할 것이다. 그리고 결단해야 할 것이다. 세상을 이기는 주의 군사가 되어 열방으로 진군하기 위해서는 우리의 육적 자아를 요단에 버려야 한다는 것을 말이다.

버스는 요단강과 멀어져갔다. 이제는 강을 등지고 자리를 고쳐 잡고 앉아서 두 손을 모았다. 주께서 나의 옛 자아를 받으시고 당신의 견고한 성읍으로 세워 주시기를 기도했다. 눈을 떴을 때 창밖으로 널따랗게 펼쳐진 사막 위로 푸른색 이정표가 보였다.

약속의 땅 이스라엘이었다.

주님 내게 약속하신 젖과 꿀이 흐르는 땅으로 나아가기를 소망합니다. 주님 내게 말씀하신 열방으로 나아가 주님의 견고한 성읍이 되기를 원하니 주여 내가 당신께 순종하여 요단강을 건너게 하옵소서. 요단강에 나의 옛 자아를, 나의 육적 자아를 수장하고 '하나님의 백성'이라는 새로운 정체성으로 나아갈 수 있도록 허락하여 주시옵소서. 나의 진격이 곧 열방 가운데 복음을 전하고자 하시는 주님의 걸음이 되며, 나의 기도가 열방에 세워진 적의 성읍을 함락하시는 주님의 입김이기를 원합니다. 주의 부르심을 메고 예수를 모르는 심령 곧 열방으로 나아가고자 요단강에 발을 대었을 때, 요단강을 여시어 나로 건너게 하소서. 이 기도는 예수그리스도의 이름으로 기도합니다.

섬기는 자 되게 하소서

in 일본

마가복음 10장 45절
인자가 온 것은 섬김을 받으려 함이 아니라 도리어 섬기려 하고
자기 목숨을 많은 사람의 대속물로 주려 함이니라

'꾼'이라고 하면 어느 분야에서 어지간히 자타가 공인하는 전문가라는 뜻이다. 그렇다면 나는 어느 분야의 꾼일까? 설교꾼, 랩꾼…. 이런 억지스러운 단어들을 생각해 보게 되는데, 예수님은 무슨 꾼이었을까? 두말하면 잔소리지 그는 '섬김 꾼'이다. 그의 미션은 마가복음 10장 45절에 기록된 바, 자기 목숨을 많은 사람들의 대속물로 주시는 섬김이었다.

내가 아무리 부족하고 섬세하지 못해 자주 넘어진다 해도, 예수님처럼 살고 싶은 마음이야 여전히 굴뚝같다. 근데 나는 그게 참 어렵다. 이 굴뚝같은 원함에 불이 잘 집혀지질 않는다. 자신감과 교만이 한끝 차이라 걸핏하면 교만이라고 이마에 써 붙이고 다니는 내 꼴 좀 보라지.

교만에 벌금이 있었으면 좋겠다. 한 1억 즈음으로 해주면 나의 자신감을 교만으로 치환시키는 우를 동물적으로 경계할 수 있지 않을까? 현실에서 예수님 같은 '섬긴 꾼'이 전혀 없으면 그저 그것은 예수님이니까 가능했으려니 핑계라도 대겠는데 내 주변에는 정말이지 예수님 라인에 서서 '섬김 꾼'으로 자타 공인이 있으니 이름하여 '쌀목사님'이다.

내가 그의 이름도 모르던 시절이었는데, 년에 300회 이상의 청소년 강의를 하던 나는 각 행사의 주최자들의 이름과 얼굴을 다 기억할 수 없었다. 어느 날 어떤 기독교 캠프 대표가 쌀을 주겠다고 사무실로 찾아 왔기에 이름은 기억이 안 나고 얼굴도 기억이 안 나서 연락처를 '쌀목사님'이라고 적었다가 둘도 없는 절친이 된 지금도 여전히 그렇게 친근히 부르고 있다.

쌀목사님은 끈질기게도 나를 섬겨 주었다. 애초에 사람이 별로 고프지 않은 나도 이제는 괴로운 일이 생기면 어느 사이에 쌀목사님이 생각나는 지경까지 되었다. 그는 섬김을 무기로 내 마음에 터를 잡아 버렸고 언젠가부터 그런 생각을 했다. '어떻게 하면 쌀목사님처럼 누군가를 섬길 수 있는 거지?' 그래서 나는 일단 그동안 그에게 받은 섬김을 돌려주고자 그를 섬길 프로젝트 하나를 만들었다. 그는 이런 내게 "섬김이란 게 돌려받고 그런 게 아니에요."라고 '섬김 꾼' 다운 연설도 해주었는데 내가 그 명언을 들었던 곳은 일본이었다. 나는 쌀목사님의 교통비와 식사비 일체를 섬기기로 하고 함께 온천길에 올랐다.

일단, 그는 사람의 기분을 섬긴다. 그는 누군가가 자신에게 말을 할 때면 끊임없이 적고 끄덕이고 박수를 치시는데, 이건 뭐 말이 너무 없는 우리 아버지도 그 앞에서라면 소녀가 될 수 있을지 모른다. 아, 나 역시 그와 함께 비행기에 앉아서 그렇게나 떠들었다. 비행기에서는 책을 보던 책을 쓰든 꽤 선비 같은 내가 되는 것이 내가 아는 나다. 그런데 쌀목사님과의 동행에서는 앞좌석의 승객이 너무 괴로웠는지 짐짓 기분상한 표정으로 뒤돌아보며 "거 좀 조용히 좀 해주세요."라고 쏘아 붙이기도 했다.

우리는 후쿠오카 공항에 도착하여 다시 버스를 타고 유후인 온천 지역으로 향했는데, 버스 안에서 쌀목사님은 잠시 잠이 드셨다. 남들을 섬기고 사시느라 지쳤을 쌀목사님의 마음에 이 일정 간 쉼이 깃들기를 기도하며 목적지에 도착했다. 3평 남짓한 노천탕에 이 30대 목사와 50대 목사는 발가벗고 함께 몸을 누였다. "목사님, 많은 사람들 섬기느라 너무 피곤하셨지요? 이번 온천여행에서 정말 큰 쉼이 되기를 바랍니다." 나는 뭐라도 베푼 사람의 모양으로 떠들었지만 쌀목사님은 '섬김 꾼'의 면모로 내게 응수하였다. "서 선교사님, 섬김은요 피곤해지는 게 아니에요. 예수님도 우리를 섬기셨잖아요. 저는 선교사님을 섬길 때 너무 행복하고 힘이나요." 진짜 도대체 저건 어떻게 가질 수 있는 거지? 뭘 먹으면 저런 말을 할 수 있는 걸까? 말이야 저렇게 할 수 있다고 해도 그 눈빛 하며 목소리 톤하며 어떻게 저런 진심을 원할 때마다 상대에게 발사 할 수 있느냐 이 말이다.

　김이 모락모락 피어오르는 온천에서 봉긋하게 떠 있는 그의 선한 미소는 차갑고 과격한 나를 녹이는 듯 했다. 그러고 보면 그는 참 온천 같은 이다. 그의 앞에서라면, 그 따스한 섬김 앞에서라면 여지없이 녹아버리곤 했으니까 말이다. 나는 사실 마음에 사람을 잘 들이지 못하는 사람이다. 이런 나를 깨어 쓰실 만한 그릇으로 만드시고자 내게 붙여 주신 동역인 쌀목사님은 평택의 작은 교회에서 담임목회를 하고 계신다. "쌀목사님, 목회하는 거 힘들지 않으세요? 교인들 때문에 속상한 일도 많으시지요?"

　"아니요, 우리 성도님들 너무 귀해요. 섬길 수 있어서 너무 너무 감사해요. 더 섬겨드리지 못해서 미안해요."

　성도들의 이야기를 꺼내자 그는 온천수보다도 뜨거울 그런 눈물을 쏟아 내었다. 섬김은 뜨거움 인가? 예수님의 섬김으로 인하여 얼어붙은 세상이 녹아 봄을 맞이했듯 그리스도인의 섬김은 뜨거움인가 보다.

　바위를 모아 쌓아 올려 탕의 틀을 만들고 물길을 내어 그 탕에 온천수가 담기면 거기에 사람이 몸을 누인다. 그러면 평온이랄지 안정이랄지 건강이랄지 그런 것들을 손에 넣었다고 느끼게 되지 않던가. 쌀목사님은 복음의 바위로 탕을 만들고 물길을 내어 그 탕에 섬김을 담아 성도들이 몸을 누여 하나님의 평안을 누릴 수 있게 하는 것이었다.

　그래, 그가 나를 강사로 세워 앞서 소개 할 때면 나를 사랑하여 소개하는 그의 참된 표정에서 평안을 느끼지 않았던가. 섬김은 참된 마음으로 누군가 몸을 누일 수 있도록 탕을 만들어 품어 주는 것이로구나. 우리는 그래서 섬김의 왕이신 주님 만드신 구원의 탕 안에서, 발가벗은 죄인의 모습으로도 평안하고도 온전하게 주의 품을 누빌 수 있는 것이구나.

온천을 마친 우리는 유카타를 입고서 저녁식사를 하러 나섰다. 온천에서만 하는 일본식 식사라고 들었는데 이런 식사를 뭐라고 하는지는 잘 모르겠다. 아무튼 이런 식사와 온천을 함께 묶어 '료칸'이라고 부르는데 이것은 회와 구이, 면과 찜 등 여러 재료의 맛좋은 일본 요리를 보기도 좋게 내는 온천식 식사였다.

내가 이 식사에서 쌀목사님께 놀란 점은 아니 무슨 요리가 나올 때 마다 어떤 사람을 떠올리는 모습이었다. 요리가 좋으면 요리가 맛이 좋네, 아니네, 짜네, 다네 할 것인데 이 섬김 꾼은 요리가 하나씩 나올 때마다 사람의 이름을 불러가며 섬김을 꿈꾸었다.

"아, 이 요리는 우리 최집사님이 좋아할 모양이네요. 이 최집사님이라는 분이요…. 이야, 이거 한국에 있나? 최집사님 모시고 가야겠는데 이거?"

"우와, 이 요리는 이거 이거 하하 우리 박장로님이 말이죠. 구운 고기를 안 드세요. 못 드시는 거지. 그래서 삶은 고기만 드시거든요. 근데 이거는 부드러워서 박장로님도 드시겠네. 이거 소고긴가?"

"이거 진짜 혼자 먹기 아깝네요. 사진이라도 찍어야 되나. 우리 청년 하나가 치킨을 그렇게 좋아해. 이거 튀김 보니까 그 청년 생각나네, 생각나. 아우 바삭해 이거 뭐야 이거 왜 이렇게 맛있어 진짜 어우 그 청년 요즘 우울한데 이거 먹어야 돼. 진짜."

맛있었다. 그의 섬김이 맛있었다. 머릿속에 온통 사람과 사랑이 연결되어 섬김으로 아웃풋 되는 그의 말하기가 너무 맛있었다. 그리고 뜨거웠다.

그의 섬김은 실로 온천수보다도 뜨거웠다. 이 뜨거운 섬김은 사랑할 때라야 나타나는 것이니 사랑 없이는 지속되지 않는 것이다. 따라서 섬김은 인간의 기술이 아니라 사랑의 주관자이시자 창조자이신 주님의 능력이라는 것을 기억해야 하겠다.

주께 구하기를 내 열정 열방으로 나아갈 때에 인간의 능력에서 만들어진 연약한 도구가 아니라, 꽁꽁도 아니고 꽝꽝 얼어붙은 이 세상을 녹일 주님의 능력으로 나아갈 수 있게 되기를 간구해야 하겠다. 인간의 빈약한 도구가 아니라 오직 주의 사랑으로 만들어진 섬김을 세상 앞에 내어 놓고 싶다.

세계로 나아가는 우리의 기술이 제 아무리 최신식이라 해도, 제 아무리 '힙'하다 해도 이는 모두 시대적 적합성일 뿐 시대를 넘어서는 진짜 기술은 시대적 모양에 구애를 받지 아니한다. 이와 같이 구애 받지 않는 기술을 우리는 전통이라 부른다. 섬김은 자신을 대속물로 주신 그리스도께 배운 그리스도인의 전통인 것이다. 그 전통을 내게도 주시길 기도하자.

섬김을 말씀 하시는 주여, 오늘 당신의 섬김을 닮게 하소서. 우리가 하는 것이 섬김인 줄 알았는데, 실은 인간사 관심을 요구하는 결핍일 때도 있었고 눈칫밥 먹기 싫은 방패이기도 했음을 고백합니다. 그렇다 보니 그 가짜 섬김은 계속 되기가 어려웠으며 내 마음은 상처 받기가 쉬웠고 그때마다 낙담했습니다. 이때에 주께 원하오니 돌려받을 무엇인가를 계산하는 가짜 섬김이 아니라 주님 창조하시고 내 마음에 넣어주신 사랑을 재료로 하는 진짜 섬김을 할 수 있기를 원합니다. 주여 이제는 열방 가운데 주님 주신 사랑의 온기를 내어 놓을 수 있는 섬김으로 나아가기를 바랍니다. 당신께 배운 뜨거운 섬김의 기술로 얼어붙은 세상을 녹이고 열방의 가슴 가운데 그리스도의 계절이 당도 할 수 있도록 나를 사용하소서. 이 기도는 나를 위해 내 죄를 대속하시는 섬김으로 내게 오신 예수그리스도의 이름으로 기도합니다.

주님만을 의지하게 하소서

in 스리랑카

시편 23편 4절
내가 사망의 음침한 골짜기로 다닐지라도 해를 두려워하지 않을 것은
주께서 나와 함께 하심이라 주의 지팡이와 막대기가 나를 안위하시나이다

저녁이면 생선 굽는 냄새가 소복하게 쌓이는 스리랑카의 시골 해변이었다. 낮에 잠시 비라도 다녀간 날이면 일몰 때 만나는 구름의 색은 휘황찬란 난리를 쳐대었다. 해변을 뛰노는 무리 사이에는 속옷도 입지 않고 노니는 아이들도 있었는데, 그 순박한 순수를 마주하면 낮 동안 보았던 더러운 길거리의 이미지도 씻기는 듯 했다.

　내가 빌린 숙소는 에어컨은 물론이고 선풍기도 삐걱거리는 곳이었는데 중간이 푹 꺼진 침대에 누워 천장을 보노라면 요상하게 기울어진 낮은 천장이 보이는 곳이었다. 벽면에는 누군가 시멘트 마감을 할 때 장난스럽게 찍어 놓은 손자국이 그대로 나타나 있어서 나는 가끔 그 손 모양에 내 손을 포개어 놓고 실없는 미소를 짓곤 했다.

　그럴듯한 아메리카노라도 마시려면 적어도 1시간을 걸어 나가야했다. 문명이란 대체 무엇인지 하루에 한 번은 꼭 그 커피를 먹자고 열대의 더위를 가로지르곤 했다. 동네 식당에서 뭔가를 주문하면 제대로 나오는 경우가 더 적었고, 잘못 내주었다는 것을 알아도 그들은 그 순박한 엄지를 들이밀고 내 날섬을 저리로 밀치었다. 대체로 많은 것이 부족했지만 그곳에 있으면 부족해 하는 내가 이상할 뿐이라서 나 역시 동네의 분위기에 서서히 물들어가더니, 이내는 식사가 잘못 나오더라도 점원을 부르지 조차 않고 우걱우걱 맛 좋게 먹어 치우게 되었다.

　내가 머물던 스리랑카의 그 해변은 그런 곳이었다. '그런가보다', '그랬구나', '허허허'하다 보면 어느 사이에 하루가 지나서 '하루가 지났구나'하면 되는 순박하고 순수한 곳, 누군가는 이곳의 분위기를 무식이라 폄하 할 수도 있겠지만 내 안의 긍휼은 그것을 순수라 읽을 수 있게 해주니 감사한 나날이었다.

한번은 기차를 탈 일이 있었다. 낡아빠지기를 철도 박물관의 유적이나 될 것 같은 이 기차는 정말이지 움직일 수 없을 것 같았는데 뼈 비틀리는 소리를 우두둑우두둑 내면서 흡사 좀비처럼 달리기 시작했고 제법 옛 영화에서 나 보던 기차 궤적 소리까지 운치 있게 더해 주었다.

멀지 않게 목적지인 해변이 보이기 시작했고 그 바다는 구름 떠가듯 은은한 파도를 만들어 일렁이고 있었다. 내가 도착한 곳은 해변에 자리 잡은 스킨스쿠버 학원이었다. 도착한 학원은 뭐 학원이라고 하기에도 어렵고 아니라고 하기에도 어려운 천막이었다. 'PADI'라고 적힌 다이빙 연합 깃발이 펄럭이고 있었기에 강사들의 실력만은 보장될 것이라 믿고 자격증 반을 등록했다. 내게는 삼일의 시간이 있었다. 그 기간 동안 정해진 이론과 실기를 마무리하고 '오픈워터'라는 초급 다이버 자격증을 받을 수 있는 수업 일정이었다.

하나님이 만드신 바다 세계를 볼 수 있으리라는 기대로 시작한 다이빙 교육의 이론 수업시간, 기대에 부풀어 새학기 새내기 마냥 똘망똘망한 눈으로 강사를 기다리고 있었다. 수업 시작 시간이 지났는데도 강사가 나타나지 않더니 얼굴에 취기 가득한 웬 치가 들어와 강사석에 앉았다. 아니기를 바랐지만 그가 내 해저 세계를 설명해 줄 강사였다.

그의 영어 발음은 술 때문인지 아니면 스리랑카 특유의 악센트인지 몰라도 발음이 턱 끝에서 일부 사라지는 듯한 느낌이었다. 우리말로 치자면 '선생님'을 '스앵님'이라고 발음하는 경우랄까? 아무튼 다행히도 그는 내가 한국인이라는 것을 미리 알고 영어교재와 한국어 교재를 함께 복사해서 나누어 주었기 때문에 수업은 별 무리가 없었다. 수업이 끝날 무렵 강사의 취기도 깨어서 우리는 홍차를 나누어 마시며 바닷속에 무엇이 있을지에 대해서 이야기를 나누었다. 지정된 수업시간이 다 지났는데도 강사는 '프렌드' '프렌드'를 연신 발사하며 대화를 이어 갔다. 취기 어린 얼굴로 수업에 조금 늦기는 했지만 애초에 그는 학생을 고객이 아닌 친구로 여긴 듯 했다.

그는 교재에 그려진 청량감 넘치는 열대 바다의 맑디맑은 해저 사진을 가리키며 말했다.

"이건 사진이야. 자연은 우리가 컨트롤 할 수 없기 때문에 어쩌면 바닷속은 우리가 마시고 있는 이 홍차 보다 더 어두울 수 있어."

다음날이 되어 실기 수업을 위해 바다로 나가야 하는데, 아침부터 잿빛 하늘과 바람이 심상치 않았다. 어제의 잔잔하고 포근한 그 바다는 오간데 없고 취기 하나 없는 강사의 얼굴에는 바다를 적으로 인지한 듯한 날카로운 낯빛이 서려 있었다. 그가 어금니를 우직끈 물더니 부앙 하고 모터를 돌렸다. 아무리 스리랑카라고는 하지만 이 파도에 이래도 될까 싶은 작은 보트에 몸을 실어 우리는 출항하였다.

막상 뱃길에 오르니 파도는 눈으로 보는 것 보다 훨씬 거세었고 혹시나 해서 아침에 아무것도 먹지 않은 것이 다행이었다. 다이빙 포인트로 이동하는 동안 벌써 몇몇 동행들은 연신 속의 것을 바다 위로 게워 내고 있었다.

작은 보트에 부딪히는 커다란 파도의 물결이 보트를 모는 강사의 얼굴에 부서지고 있었다. 아랑곳 않고 멀리 목적지를 응시하는 그에게서 어제 느낀 순박은 읽혀지지 않았다. 바다도 역시 그랬다. 내가 알던 그 포근한 스리랑카 시골 바다가 아니었다.

얼마나 지났을까? 파도소리와 모터소리가 거친 가운데 강사 둘이서 약간의 언쟁이 있는 듯했다. 알 수 없는 스리랑카어는 내게 이렇게 들렸다. "이제 물속에 들어가야 돼!", "아니야 다시 돌아가야 해! 위험해!", "물속은 괜찮아!", "너 미쳤어? 예전일 기억 안나?"

쉼 없이 좌로 우로 그리고 앞뒤로 요동을 치는 작은 보트 위에서 강사가 내게 다가와 소리치듯 말했다. "어제 내가 말한 거 기억나지? 지금 들어가면 아무것도 안 보일 수도 있어. 내가 널 잡고 에스코트 할 거야. 이 아래 난파선이 있어 그걸 보고 돌아오자." 강사는 가까이 떠 있는 부표를 가리키면서 이어 말했다. "저기 저 부표에서부터 난파선까지 밧줄이 이어져 있어. 우린 그걸 잡고 내려 갈 거야. 안 보여도 갈 수 있어!"

돛이 내려졌다. 체감상 45도가 꿀렁이는 조각배 위에서 육중한 장비들을 둘러메고 나는 바다에 뛰어들었다. 화가 날대로 난 파도는 그야말로 무식하게 나를 덮쳐대었다. 나는 바다 위를 둥둥 떠서 파도를 따라 적어도 2m 이상을 위아래로 널뛰기를 하고 있었고 아래로 내려 올 때면 사방으로 물이 벽이 되어 높이 서 있는 것이 보였다. 강사의 거친 목소리가 들렸다. "심호흡 해! 심호흡 해!" 나는 산소 호흡기를 입에 물고 심호흡을 하며 생각했다. '아마 한국이었다면 이거 절대로 출항 안 했겠는데, 이거 죽는 거 아니야?'

"친구! 괜찮아?" 나는 그들에게 배운 순박한 엄지를 들어 보였다. 강사는 씩 웃더니 내 목덜미를 잡아 누르며 구명조끼의 공기를 빼버렸고 이내 몸은 물속으로 가라앉았다. 심장이 미친 듯이 뛰기 시작했다. 두려움과 신남 그 어딘가에서 나는 산소 호흡기를 물고서 두 다리를 갈길 모르고 동동거렸다. 정신을 차리니 물안경에 짓눌린 강사의 얼굴이 보였다. 그리고는 계속해서 검지와 중지로 자신의 두 눈을 가리킨 후에 내 두 눈을 가리키기를 반복했다. 자기를 똑바로 보라는 수신호다.

우리는 얼마간 손을 마주 잡고 두둥실 떠서 심호흡을 계속했다. 그리고는 호흡이 진정될 즈음 그가 엄지를 아래로 내렸다. 내려갈 준비가 되었냐는 수신호다. 나는 엄지와 검지로 동그라미를 그려 보였다.

강사의 손에 이끌려 난파선까지 이어진다는 그 밧줄을 잡게 되었고 밧줄 외에는 아무것도 보이지 않았다. 등 뒤로 들리는 강사의 보글보글 호흡 소리만 내가 혼자가 아니라는 사실을 알게 해주고 있었다. 돌아보아도 강사는 흐릿했다. 바다 속은 파도가 없었지만 또 다른 위험이 있었으니 어둠이었다. 빛이 적은 수심에서 흙탕물까지 더해져 바로 뒤에 있는 강사도 흐릿할 정도인 약 1.5m 내외 시야였다. 어딘지 알 수 없었지만 밧줄을 잡고서 가끔 수심을 체크하며 차근히 내려가기 시작했다.

어느 정도 깊이 내려가니 더 이상 몸을 밀고 당기는 파도의 물살이 몸에 느껴지지 않았다. 깊고 고요했다. 시야는 여전히 흐렸지만 밧줄에 의지하여 안정적인 다이빙을 유지했고 여유가 찾아오자 나는 속으로 '주여…. 감사합니다.'하면서 습관적인 기도를 하게 되었다. 정말 습관이라는 게 무섭다. 말버릇처럼 '주여, 감사합니다.'부터 뱉어 놓고 보는 습관이 들어있던 나였다. 아니면 남의 집에 가면 앉아서 기도부터 하라는 어머니의 가르침 때문이었을까, 처음으로 바다의 속에 들었더니 절로 기도가 나왔는지도 모른다. '주님, 감사합니다. 이 어둠 속에서 의지할 수 있는 밧줄을 주셔서 감사해요.'

얼마나 내려갔을까, 귀가 압력을 이기지 못하고 통증을 호소할 즈음 목적지인 난파한 조각배가 흐릿한 시야에 들어왔다. 깊은 곳에 오니 조금은 시야가 좋아졌고, 나는 잠시 동안 그 곳에 머물며 강사의 랜턴 조명 빛에 의지하여 주님이 만드신 해저 세계를 들여다보았다. 커다란 바다거북이 하늘 나는 원반처럼 두둥실 떠가고 못생긴 곰치들이 돌멩이들 사이에서 돌멩이인 척을 하며 내 눈치를 보고 있었다. 시야가 좋지 못했지만 흐리고 어두운 중에도 아름다운 풍경이었다.

다시 밧줄에 의지하여 위로 오르는데 고개를 들어보니 수면의 빛이 일렁이는 것이 눈에 보였다. 바닷속의 어둠 속에서 밧줄에 의지하여 빛을 향해 오르는 모습이 어두운 삶 속에서 복음을 부여잡고 주를 바라보는 것과 무척 닮았다는 생각이 들었다.

나는 그렇게 다시 승선하여 여전히 거친 파도가 몰아치는 바다를 가로질러 육지로 향했다. 좌로 우로 들썩이는 배 위에서 두 손을 접었다 폈다 했다. 물속에서 얼마나 세게 밧줄을 잡았던지 전완근과 손아귀가 아렸다. 손바닥은 붉었고 깨달아지는 마음의 감동은 더 붉었다. 스리랑카 어두운 바다 속에서 밧줄 하나 부여잡고 올려다 본 그 수면의 빛은 두고 두고 잊을 수 없을 것이다.

아려오는 두 손을 보며 생각했다. 거친 파도가 위협하고 흙탕물이 패악질을 해대 듯, 내 삶이 낙심의 연속이라고 할지라도 주님 주신 복음의 생명줄 부여잡고 간다면 빛으로 나아갈 수 있다고 말이다. 내 죄 가운데 쥐어주신 복음, 그 생명줄 의지하여 나아가리라.

우리가 살아갈 열방은 여전히 어둡고 앞날을 알 수 없는 내일의 연속이지만 우리는 그 세상으로 나아 가야하며 맡겨진 열방을 살아내야 한다. 산다는 것이 두려운 미지의 땅을 맨몸으로 맞서는 것 같지만 아니라, 주께서 주신 안위의 생명줄 그 복음 부여잡고 나아간다면 승선하여 주의 영원하신 땅에 닿을 것이다.

　　나를 안위하시는 주여, 주님의 품을 사모합니다. 죄 많은 우리게 하늘 문을 여시어 복음의 생명줄을 내려주시고 우리로 그 복음을 부여잡고서 땅의 음침한 골짜기를 고요히 지날 수 있도록 하시니 감사합니다. 순수하고 맑기만 할 것 같았던 땅의 것들이 추태스러운 원수가 되어감을 알면서도 땅의 것들을 말끔히 놓지 못하고 있었음을 회개합니다. 주여 어둡고 낙심 많은 열방 가운데로 나아갑니다. 주를 의지함으로 얻어지는 하늘의 참 평안을 땅의 거짓된 평안과 저울질하지 않도록 하시고 부여잡은 생명의 줄, 이 복음을 놓치지 아니하도록 내 영에 주님 당신을 부여잡는 능력을 더하여 주소서. 열방을 살아가는 가운데 주님만을 의지하는 내가 되기를 바라오며 이 기도는 예수그리스도의 이름으로 기도합니다. 아멘.

요르단 페트라

스리랑카 우나와투나

우즈베키스탄 부하라

열방감성

초판 1쇄 인쇄 ㅣ 2022년 12월 5일
초판 1쇄 발행 ㅣ 2022년 12월 7일

지은이 ㅣ 서종현
펴낸이 ㅣ 박대용
펴낸곳 ㅣ 도서출판 징검다리
등록 ㅣ 1998. 4. 3. No.10-1574
주소 ㅣ 경기도 파주시 산남로 85-8
전화 ㅣ 031)957-3890~1 **팩스** ㅣ 031)957-3889
이메일 ㅣ zinggum0215@daum.net

편집/디자인 ㅣ 오브디자인 ovdesign.kr

ISBN ㅣ 978-89-6146-174-0 (03230)